バスケットボールの教科書 3

The textbook of basketball

チームマネジメント基礎

CONTENTS

CHAPTER 4

責任 人材の基礎になるもの

CHAPTER 5

規律 チームを一つに統率するもの

モデル　東京成徳大学中学校バスケットボール部
デザイン　有限会社ライトハウス（黄川田洋志、井上菜奈美、藤本麻衣、山岸美菜子、明日未来）
イラスト　丸口洋平
写真　少路昌平
編集　大久保亘
有限会社ライトハウス（黄川田洋志、松川亜樹子）

はじめに

チームの成功は組織の成功である

試合で勝利を収められなかったとき、みなさんが最初に敗因として考えるのはどんなことでしょうか?

「あのときのシュートが入っていれば」
「相手のあの戦術にもっと早く対応していれば」
「タイムアウトをもっと早くとっていれば」

多くの場合、指導者も選手も技術や戦術、戦略について敗因を考えるのではないでしょうか?

チームというのは組織です。チームの成功は組織の成功です。ビジネス書を読み進めていくとわかることですが、偉大な企業とそうでない企業との違いは「ビジネススキル」や「販売戦略」ではありません。技術や戦術、戦略というのは組織の成果を左右する要素の一部分でしかありません。組織の成功を左右する要素はもっと多岐にわたるのです。

組織は一つの有機体です。さまざまな要素が影響しあって進化します。技術や戦術以外の要素に目を向けることによって初めて技術や戦術も進化するのです。

多くの場合、ジュニア期の指導者はビジネスの分野でいう「マネジメント」という役割を担います。マネジメントの権威であるＰ・Ｆ・ドラッカー氏の言葉を借りれば、マネジメントとは「組織に成果をもたらすこと」です。

本書では、チームの勝利を左右する要素として技術や戦術以外の側面に迫ります。そして、チーム活動というものの本質へ、勝利を超えた側面へと目を向けていきたいと思います。

チームマネジメントピラミッド

私は、多くのビジネス書を読み進めていくうえで、あることに気づきました。それは、ビジネス書には組織の全体像について書いたもの、全体像の中のある一部分について詳しく書いたもの、ある部分とある部分との関係性について書いたもの、があるということです。そして、多くのビジネス書が一様に重要だと書いているものは、それだけ組織にとって重要なことなのだとわかりました。

そこで、各ビジネス書が紹介しているエッセンスを重要なものから順に積み上げて、形作ってみました。それが「チームマネジメントピラミッド」(左図)です。

ピラミッドで隣り合っている要素は、お互いに影響しあったり補完しあったりするものです。上に積み上がっている要素は、下の二つの要素が強く影響するものです。

例えば下から二段目左の「分析」を見てください。これは「理念」や「環境」が土台となり成り立つものです。また「理念」と「環境」はそれぞれ関係しあいます。

それぞれの意味を考えてみるとわかりやすいと思います。まずチームには「どんなバス

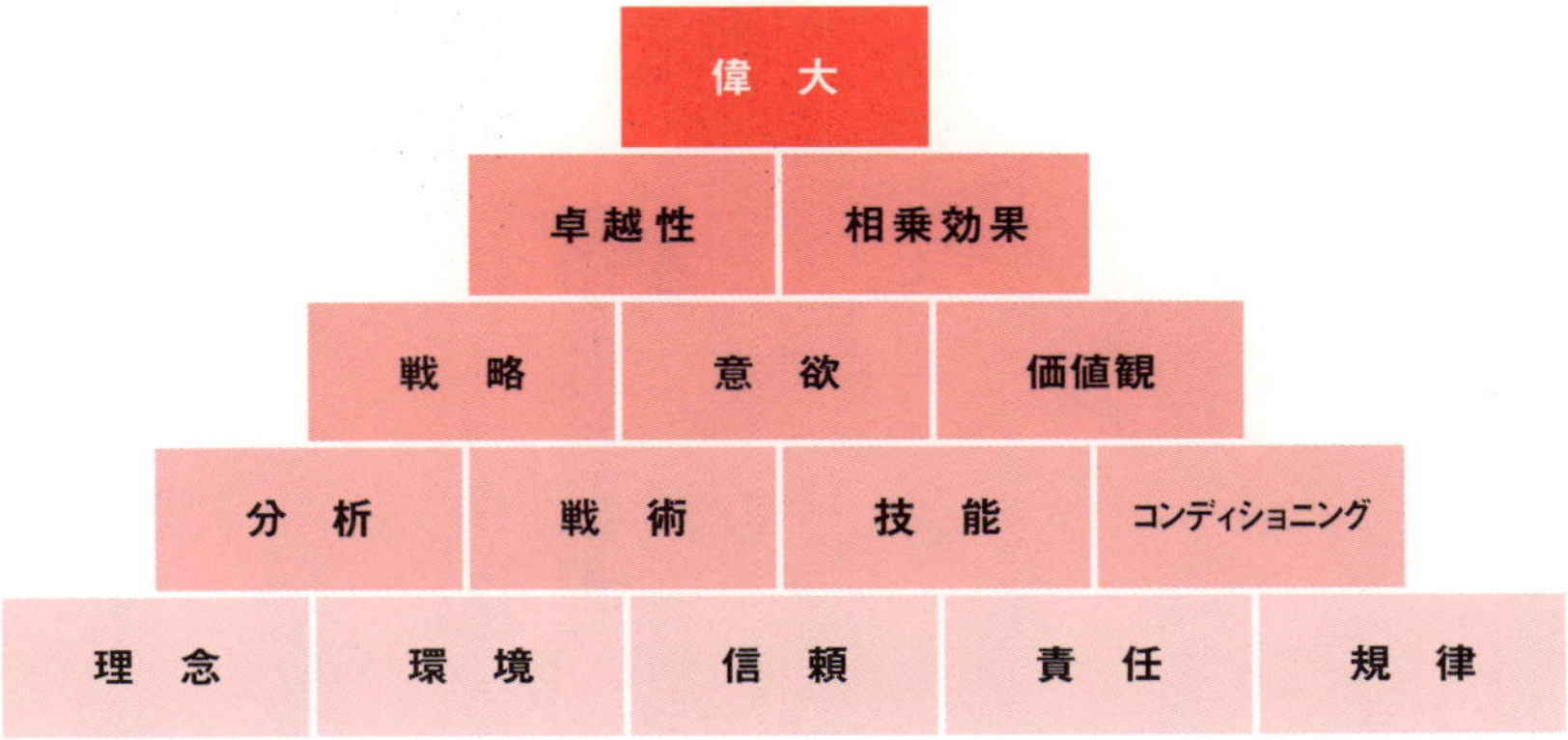

ケットがしたいか」「どんなチームになるのか」という「理念」が必要です。一方で「環境」とは「練習は週に何回できるのか」とか「同じ地区に下部組織のミニバスチームがあるのか」といったものです。「理念」と「環境」がはっきりして初めて、どういう練習をするか、勝つためにどうするかといった「分析」ができます。そして、詳しくは第四巻で解説しますが、「偉大」なチームを目指すためには他とは違う「卓越性」、人と人の「相乗効果」も必要になるのです。

チームマネジメントピラミッドを軸にチームを見直してみると、新しい解決法が見つかるかもしれません。

CHAPTER 1

理念

組織の土台になるもの

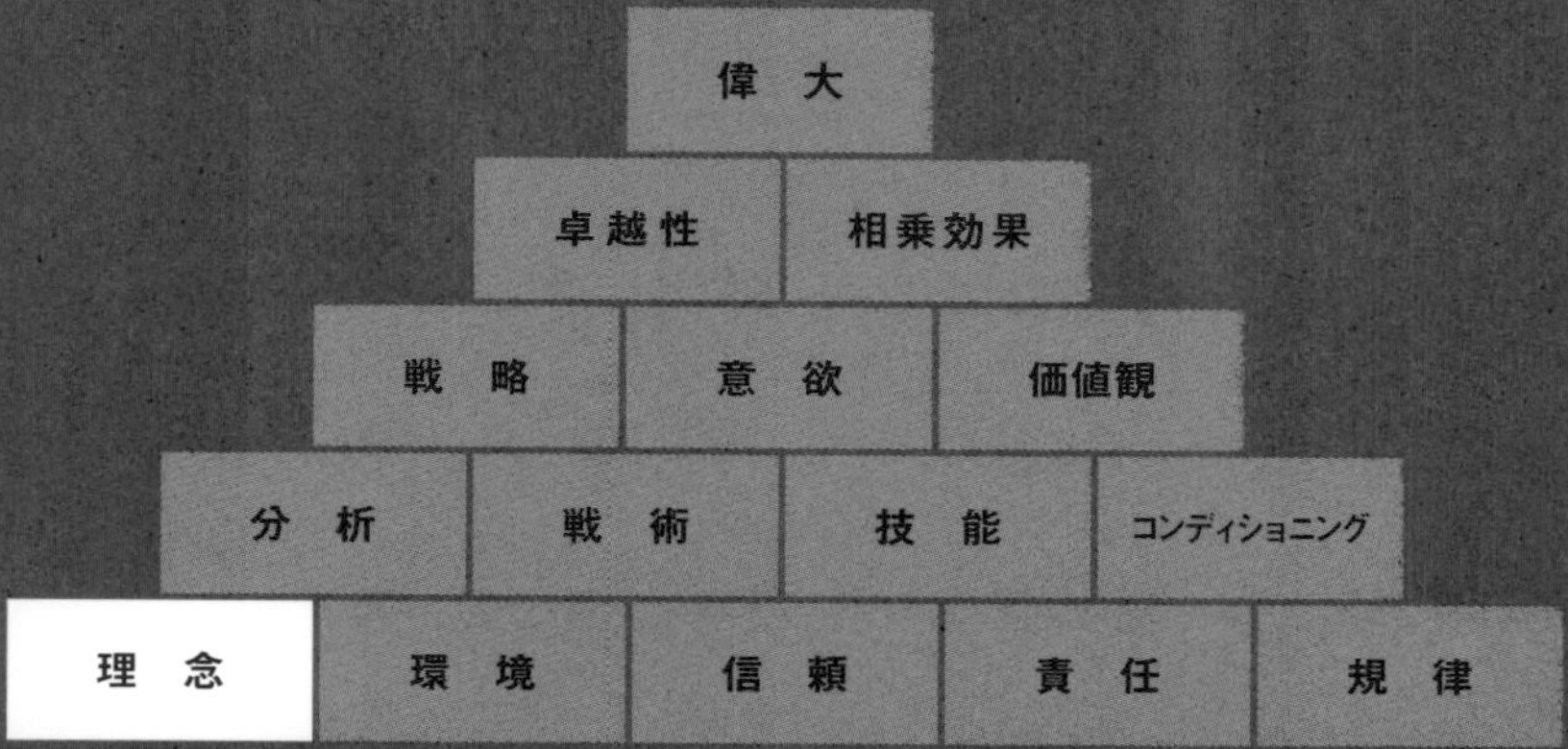

CHAPTER 1

1

偉大な組織を作るための最も重要な土台

チームマネジメントピラミッドの最も重要な土台になるのが「理念」という石です。偉大なチームを作る指導者の方々と、そうでない指導者の方々との大きな違いは、指導者としての理念を持っているかどうか、信念とも呼べる確固たるものを確立しているかどうかです。

強豪チームの技術や戦術を真似してチームを強くできないのは、そこに理念や信念が反映されていないことが多いからです。強い部活動チームを作る先生は、バスケットボールの指導者である以前に教育者として理念や信念を持っています。その強い思いが選手たちを育て、チームを強豪校へと育て上げるのです。

私が最も尊敬している指導者の1人が、John Wooden（ジョン・ウッデン）コーチです。ウッデン氏は、全米大学バスケットボール界の名門カルフォルニア大学ロサンゼルス校（UCLA）の監督を務め、1963－64シーズンから74－75シーズンの12年間で10度ものNCAA制覇を果たしました。全勝で優勝したシーズンが4度、66－67シーズンから7

連覇、シーズンをまたいでの88連勝という驚異的な大記録も樹立しました。20世紀最高の指導者と言われるような偉大な指導者であり、私は彼の著書から多大な影響を受けています。このウッデン氏は、成功についてこう言っています。

「成功とは、なりうる最高の自分になるためにベストを尽くしたと自覚し、満足することによって得られる心が平和な状態である」

ウッデン氏は、学生の頃に教師から問われた「成功とは何か」という問いに対して、ずっと考え続けていたそうです。

「お金持ちになっても、そのお金を奪われたらどうしようとヒヤヒヤしている人は成功者と言えないだろう。権力者になっても、その権力をふりかざし、弱者を虐げる人は成功者とは言えないだろう。プロスポーツの選手になっても、努力を怠って適当なパフォーマンスをするような選手は成功者とは言えないだろう」

そうやって考え続けるうちに、成功の定義へと辿り着いたそうです。そして、その成功の定義を理念として掲げ、チームを導き、あの偉大なチームを作り上げたのです。

ＵＣＬＡカットという有名なオフェンスがありますが、ＵＣＬＡが伝説のチームになったのはこの戦術のためではありません。単にいい選手が集まったからでもありません。偉大な組織を作るための最も重要な土台である理念が、信念がそこにあったからなのです。

2 敗戦でシーズンが終わったとき残せたものが理念

最後に勝利でシーズンを終えられるチームはほんの一握りです。多くのチームが、敗戦とともにシーズンを終えることになります。

「負けてシーズンが終わったときに、選手に残せたもの」

ここにチームの理念が反映されるのです。

コーチはだれでも自分のチームを勝てるチームにしたいと思っています。しかし、相手チームも同じように、勝利を目指して準備をしてきます。どれだけ準備にベストを尽くしても、勝利が約束されることはありません。

しかし、理念は違います。勝利しようが、敗れようが、理念は伝わります。勝利からも敗北からも理念を伝える機会を手に入れることができるのです。

コーチはまず自分がチームや選手に「何を残したいか」を考えなければなりません。

理念よりも勝利が重んじられているチームは負けたときには何も残せないということになります。選手の貴重な時間を練習や試合に費やして、負けたら何も残せないということになるのです。そういうチームは結局いつまでたっても本当の「勝利」を手にすることはできないのではないでしょうか。

ジョン・ウッデン氏は、選手に「勝利を目指せ」とか「何点取れ」とか「誰々よりもうまくなれ」とは言わなかったそうです。ウッデン氏が選手たちに言ったのは「毎日ベストを尽くせ」ということでした。そこにはウッデン氏がバスケットボールを通じて選手たちに伝えたい理念が反映されており、それを徹底し続けた結果、どんなチームも追いつけないような伝説のチームが作られていったのです。

3 信じるものを持つこと

組織に属している個々の選手が同じものを信じているほどその組織は強くなります。それが強い信念と言えるものであればあるほど結束は強固になります。バスケットボールチームにとって「理念」がその役割を果たします。だからこそ「理念」はチームに関わる全員が強く信じられるものでなければなりません。「理念」に正解や不正解はありません。選手が強く信じられるかどうかが大切なのです。

これについて会社を例にして説明したいと思います。フィリップ・モリスという世界的に有名なたばこ会社があります。たばこはたくさん吸えば健康に害があるということがわかっています。一方でメルクという医薬品会社があります。メルクは病気を治したり、健康を維持したりする薬を作っています。両社は人間の健康を害するものと健康を守るものという対照的な商品を売っています。理念に正解と不正解があるならどちらかは淘汰されるはずです。しかしどちらも世界的な一流企業です。なぜこんなことが可能なのでしょうか。

フィリップ・モリス社の代表ブランド「マルボロ」は、荒野でたばこを片手に遠くを眺めているカウボーイを、よく広告に使っています。そして「選択の自由という権利（喫煙し、自分がほしいものを買う権利）は守るに値する」という理念を掲げています。個人の自由や尊厳はだれからも侵害されないということを、たばこを通じてお客さんに体現してほしいと考えているのでしょう。これがフィリップ・モリスの信念であり、理念です。

一方でメルクは「当社の成功とは、病気に打ち勝ち、人類を助けることを意味する」、つまり世界中から病気で苦しむ人をなくすという理念があります。だから難しい病気に対して新薬の開発に力を入れ、医薬品の改良にも熱心に取り組みます。

「理念」は正しいか正しくないかではなく、そこで働いている人たちが心の底から強く信じられるかどうかが大切なのです。

4 チームの存在意義とは

組織は社会の一部であり、社会に貢献し続けることで存在し続けられます。これは、スポーツのチーム活動も同じです。チームも社会の中の一部である以上、同じ原理が働きます。

例えば、学校の部活動は学校社会の一部です。部活動を強化することばかり考えて、学校の中の行事に参加しなかったり、クラスでの選手たちの行動に問題が多かったりすると、その部活動は学校という社会から抹消されます。部活動として存続するためには、学校という社会に貢献し続けなければならないのです。

つまり、チームという組織を超えた、もっと大きなものに貢献するという理念が必要になります。

そして、その理念を体現し続けるために、活動を存続しなければなりません。存続のために社会に貢献するのではなく、理念の体現のために存続することが重要なのです。

バスケットボールチームにとっての「勝利」は、企業でいえば「利益」です。利益がなければ企業を経営し続けることはできないように、勝てないチームは難しい運営を強いられることになります。

一方で企業は利益だけを追求すれば良いという訳ではありません。おもちゃ会社は楽しい商品を作ってお客さんを喜ばせたい、という理念があるはずです。いまあるものより便利な商品で未来を創りたい、というのも理念です。企業には「理念」が先にあって、その理念を達成し続けるために「利益」が必要なのです。

もし「なんでもいいから儲けたい」と考えて商品を作ったとします。そんなものは売れるはずがありません。だからといって「理念」だけで商品が売れるわけでもありません。どんなに立派な「理念」があっても、お客さんのニーズに合った魅力的な商品でなければ売れないのです。バスケットボールチームにも同じことが当てはまると思います。

5 チームに必要な人材を見分ける

良いチームを作るためには人を選ばなければなりません。選ぶ基準は選手として優秀かどうかではなく、チームの「理念」や「価値観」に合っているかどうかです。うまくいかない組織は理念と関係なくまず人を入れてしまっているものです。理念を無視して、その選手の技術で選んでしまえば、その後のチーム作りは困難なものになります。組織は構成している人の行動の積み重ねで変化していく生き物のようなものです。組織の雰囲気に合わなかったり、考え方が違ったりする人がいると、その人の行動や言動が少しずつ周囲に影響を与えます。そして、徐々に理念が体現されない凡庸な組織への道を辿るのです。

現実的には学校の部活動のように選手を選ぶということが難しいチームが多いと思います。そのため、ジュニア期では理念や価値観を浸透させられる指導者、影響力の高い指導者が強いチームを作るのだと思います。

CHAPTER 1

6 理念なき傲慢

「理念」のないコーチは一度成功を手にすると傲慢になり、自ら落とし穴に落ちていく危険性があります。これを「理念なき傲慢」と言います。

日々の練習を頑張れば徐々に成果が表れるでしょう。さらにそれを継続していけば、いずれ満足いく結果が出るかもしれません。その内容はチームによって違うはずです。なんらかの大会で優勝することかもしれませんし、ライバルチームに勝つことかもしれません。チームが掲げた目標の達成です。しかし一度成功したチームが次も同じ結果が出せるとは限りません。成功した瞬間から次の戦いが始まっています。一度の成功は能力によってもたらされますが、成功し続けるには理念や信念を貫く人格、人間力が必要です。多くのチームがその1回の成功をピークにして、その後は下降線を描くことが多いのが現実なのです。

勝利を収め続けるには、理念の体現への挑戦が必要です。勝利そのものを目的とせず、勝利を超える何かに挑戦し続けるチームが、勝利し続けるのではないでしょうか。

7 適切な人材

偉大な組織にとって、適切な人材とはどんな人材でしょうか？『ビジョナリーカンパニー2 飛躍の法則』という本の66ページに「だれをバスに乗せるか」という章があります。

『ビジョナリーカンパニー2』は、良好な企業を偉大な企業に飛躍させるためにはどうしたらよいかを、さまざまな企業の比較検証から分析しているビジネス書です。その中で書かれていたのは、偉大な企業への飛躍をもたらした経営者は、まずはじめにバスの目的地を決め、次に目的地までの旅をともにする人々をバスに乗せる、という方法をとった訳ではないということでした。

まずはじめに、適切な人をバスに乗せ、不適切な人をバスから降ろし、その後にどこに向かうべきかを決めているというのです。

「このバスでどこに行くべきかは分からない。しかし、分かっていることもある。適切な人がバスに乗り、適切な人がそれぞれふさわしい席につき、不適切な人がバスから降りれば、素晴らしい場所に行く方法を決められるはずだ」と言っているのです。

飛躍へと導いた指導者は3つの単純な真実を理解しています。

第一に、「何をすべきか」ではなく「だれを選ぶか」から始めれば、環境の変化に適応しやすくなるということです。人々がバスに乗った理由が「目的地が気に入ったから」であれば、10キロほど走ったところで行く先を変えなければならなくなったとき、どうなるでしょうか。

当然、問題が起きます。しかし、人々がバスに乗ったのが「同乗者が気に入ったから」であれば、行く先を変えるのははるかに簡単です。「このバスに乗ったのは、素晴らしい人たちが乗っているからだ。行く先を変えるほうがうまくいくんだったら、そうしよう」となるのです。

第二に、適切な人たちがバスに乗っているのであれば、動機づけの問題や管理の問題はほぼなくなるということです。適切な人材ならば厳しく管理する必要はないし、やる気を引き出す必要もありません。最高の実績を生み出そうとし、偉大なものを築き上げる動きに加わろうとする意欲を各人が持っています。第三に、正しい方向がわかり、正しい方針がわかっても、不適切な人たちばかりであれば、偉大な企業になれないということです。偉大な人材が揃っていなければ、偉大なビジョンがあっても偉大にはなれません。

組織が為すこととは、人が為すことです。

スポーツの組織にとって適切な人材とは、野心的であり、向上心があり、一流の仕事（プレー）がしたいと心から欲しているような人材です。そういった人材が集まるような強豪チームは、それだけですでに多くの勝利を収めているのです。

しかし、ここでいう適切な人材が集められるわけではないチームの場合はどうすれば良いでしょうか？　選手を集めることはできないから、諦めれば良いのでしょうか？

それは違います。育成年代の選手たちは、価値観を形成している過程にいます。目の前にいる選手たちが素晴らしい人材になるよう導くのです。それはすでに素晴らしい人材になっている選手を集めることよりも難しいミッションです。しかし、挑戦する価値のあるミッションであり、挑戦すべきミッションです。そして理念への共感を土台にした組織づくりで、大きなピラミッドを作り上げれば、偉大なチームを目指すことが可能になるのです。

CHAPTER 2

環境

理念から仕組みを考える

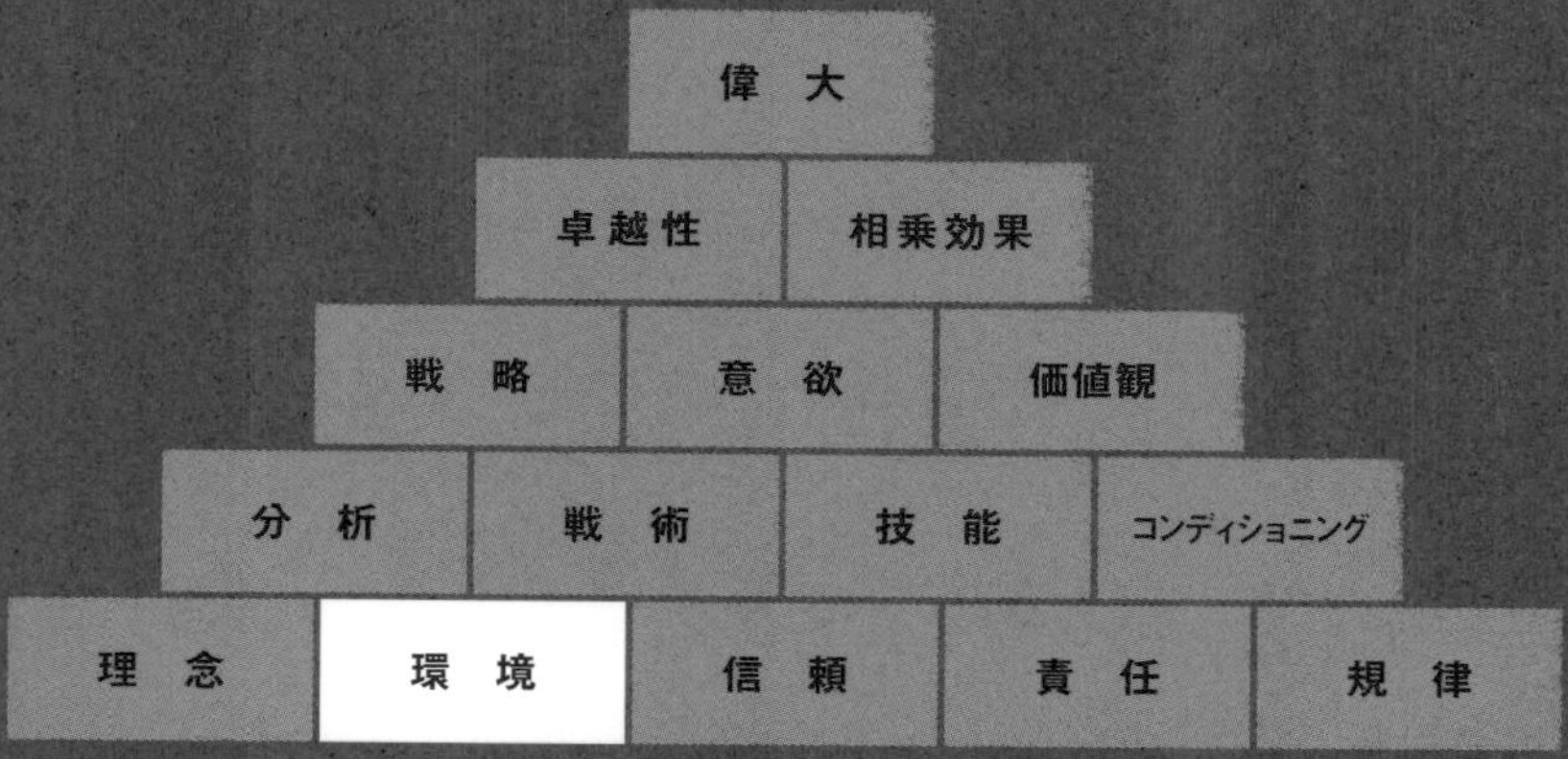

1 言葉で影響するか、仕組みで影響するか

環境には、物的環境（コートや道具など）、人的環境（スタッフ）、そして制度的環境（チームルールや評価制度など）があります。

物的環境はチームによってさまざまで、多くの場合選手にとっても指導者にとっても自分では変えられないことが多いと思います。もし、変えることができるのならば、チームの練習計画やリクルートなどに与える影響も大きいため、マネジメントしなければなりません。

人的環境も非常に重要ですが、多くのジュニア期の指導者は自分1人でチームを見なければならない環境にいると思います。しかし、こちらも可能なのであればスタッフを増やしてマネジメントするべきです。

制度的環境、ここが指導者にとって最も自分で影響を与えられる部分になります。制度的環境とは、チームルールや評価基準をどう整えていくかということです。理念を組織に浸透させるうえで最も重要なのが、仕組みやルールです。逆に言えば、チームルールを設

定する目的は理念の浸透です。

例えば「お互いに協力しあうチーム」という理念を掲げたとします。これをチームのスローガンのように言い続け、それを実行しようと努めます。コーチが何度も何度も「協力しろ！」「なんで協力しないんだ！」と言い続けます。言われた瞬間は行動を意識しますが、なかなか協力するという文化が浸透しません。

一方で「協力する」ことを「仕組み」にしたとします。仲間と協力しなければクリアできないように練習を設定したり、協力した人を評価する基準を作ったりするのです。

仕組みは常に選手に作用し続けます。言ってやらせる、言って聞かせることを常にやり続けるのは限界があり、人間の意識にも限界があります。理念を浸透させるためには、常に選手の行動に影響を与え続ける「仕組み」が重要なのです。

2 理念と仕組みはつながっている

バスケットボールはチームスポーツです。チームメイト全員が同じ目標へ向かうためには、だれもが理解でき、納得できる仕組みを作ることが大切です。同時に仕組みは、理念に沿ったものでないといけません。理念と仕組みがズレてしまったら選手は理念を心の底から強く信じられません。

たばこ会社と製薬会社では理念が違います（16ページ）から、両社の仕組みは違っていて当然です。

そして個人の自由や尊厳をたばこのイメージ戦略として打ち出しているのなら、社内も個人の自由とか尊厳を大切にしなければなりませんし、そういう人が評価されなければいけません。製薬会社は自分の健康に責任を持っている人や、新薬開発の実績に対して評価をしているはずです。

バスケットボールに置き換えても同じことが言えます。ドリブルなど個の力でチャンスを作ったり、ドリブルで状況を打開したりするようなチームを作りたいなら、個人プレーのスタッツ（成績、シュート決定率などの統計）を正当に評価しなければなりません。ドライブするべき場面で躊躇する選手には厳しくあるべきです。一方でパスや連携などチームの協調性をチーム戦術の柱にするなら、味方を生かすプレーをしている選手を評価しなければなりません。もしチームから大会得点王が生まれたとしても、それを必要以上に讃えるようではチームの理念と仕組みがズレてしまいます。

このように理念が違えば評価の仕組みや指標が変わります。仕組みが理念とつながっているからこそ選手はチームの理念を強く信じられるのです。

3 お揃いのウェアで練習をする意味

イタリアのサッカーチームACミランの下部組織にコーチの勉強に行ったとき、コーチがお揃いのウェアで練習をすることについて、次のように言っていたのが印象に残っています。

「ここにいる選手たちは自己主張や我が強い。そういう選手たちに協調性を伝えるために同じユニフォームを着ることに意味がある」

一方で日本の子どもたちは協調性があると言われています。むしろ自主性が足りないくらいです。イタリアのコーチの理論からすると、個性的な選手を育てるためには日本人はみんなバラバラのウェアで練習するほうが良いとも考えられます。「自分が試合でゴールを決めて勝つ」とか「試合で一番目立ちたい」というタイプの選手を育てたいなら「ウェアでも目立て」と言うのも一つの手です。

日本人のメンタリティについて、もう一つ別の捉え方もできると思います。それは昔からお揃いを着るのが当たり前だからこそ日本人特有の協調性が育ってきたかもしれないということです。簡単に判断はできない難しい領域です。一概にこれが正しいとは言えません。ただウェアにもコーチの「理念」が反映され、それが子どもの人格形成に影響するかもしれないということは知っておいたほうが良いでしょう。強いチームがお揃いのウェアを着ているから、という理由でそれを真似するのではなく、常に自分たちのチームのあるべき姿を自ら考えていくことが重要です。

そして、選手としても自分がいるチームの理念を理解し、その中で自分自身を磨いていく必要があります。1人の演奏者のために楽譜を変えるオーケストラはありません。チームより大きな個もいません。ただし、チームの理念を強固にするためにアイデアを提示することはできます。

選手からコーチへ、チームの理念を体現するための仕組みを提案できるようになったら、そのチームは偉大なチームへの第一歩を踏み出せるのです。

CHAPTER 3

信頼

組織をつなぎ合わせるもの

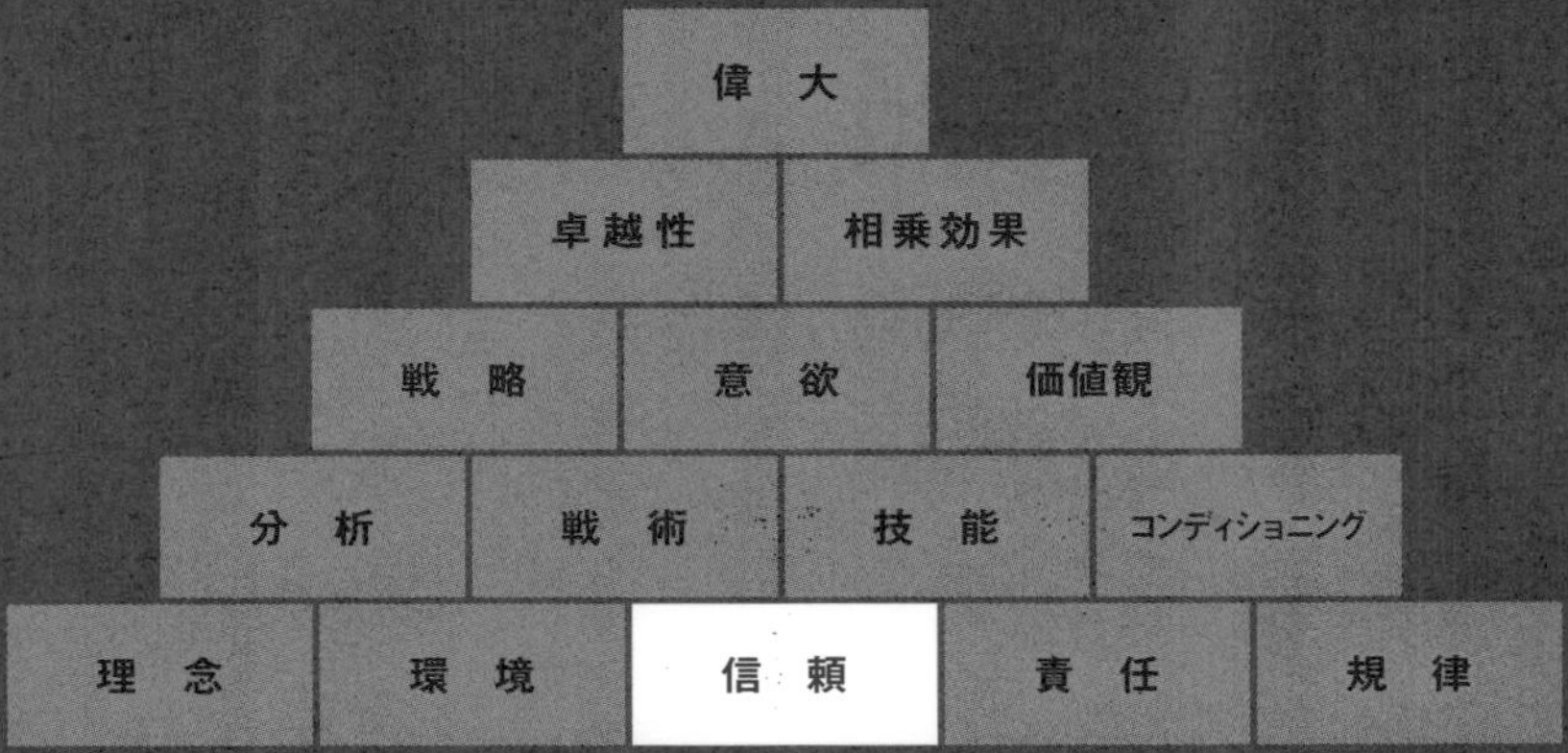

When love

1

100言って100受け取られるか

信頼していない人の言うことを真剣に聞こうとは思いません。真剣に聞いているように見えても、話の内容まで理解しようとして一生懸命に聞くことはないでしょう。コーチと選手、選手と選手の間のコミュニケーションは人間関係によって大きく左右されます。だれかが発した言葉は、聞いている相手がすべて受け取ってくれるわけではなく、互いの「信頼」というフィルターを通して相手に伝わるのです。選手に自分の考えや知識を伝えるのが仕事であるコーチはまず選手から「信頼」を得なければならないのです。

Aコーチは技術や戦術を良く勉強していて、素晴らしい知識があります。BコーチはAコーチより知識量では劣ります。数字で表すとAコーチの知識量が100、Bコーチの知識量は80だったとします。しかしこれだけではまだ単純にAコーチのほうが優秀なコーチだとは言いきれません。

選手はBコーチの人柄を慕っていて、指導方法も心の底から信じています。一方のAコーチは選手のことを見下した態度をとってしまい、まだ十分な信頼を得ているとは言えま

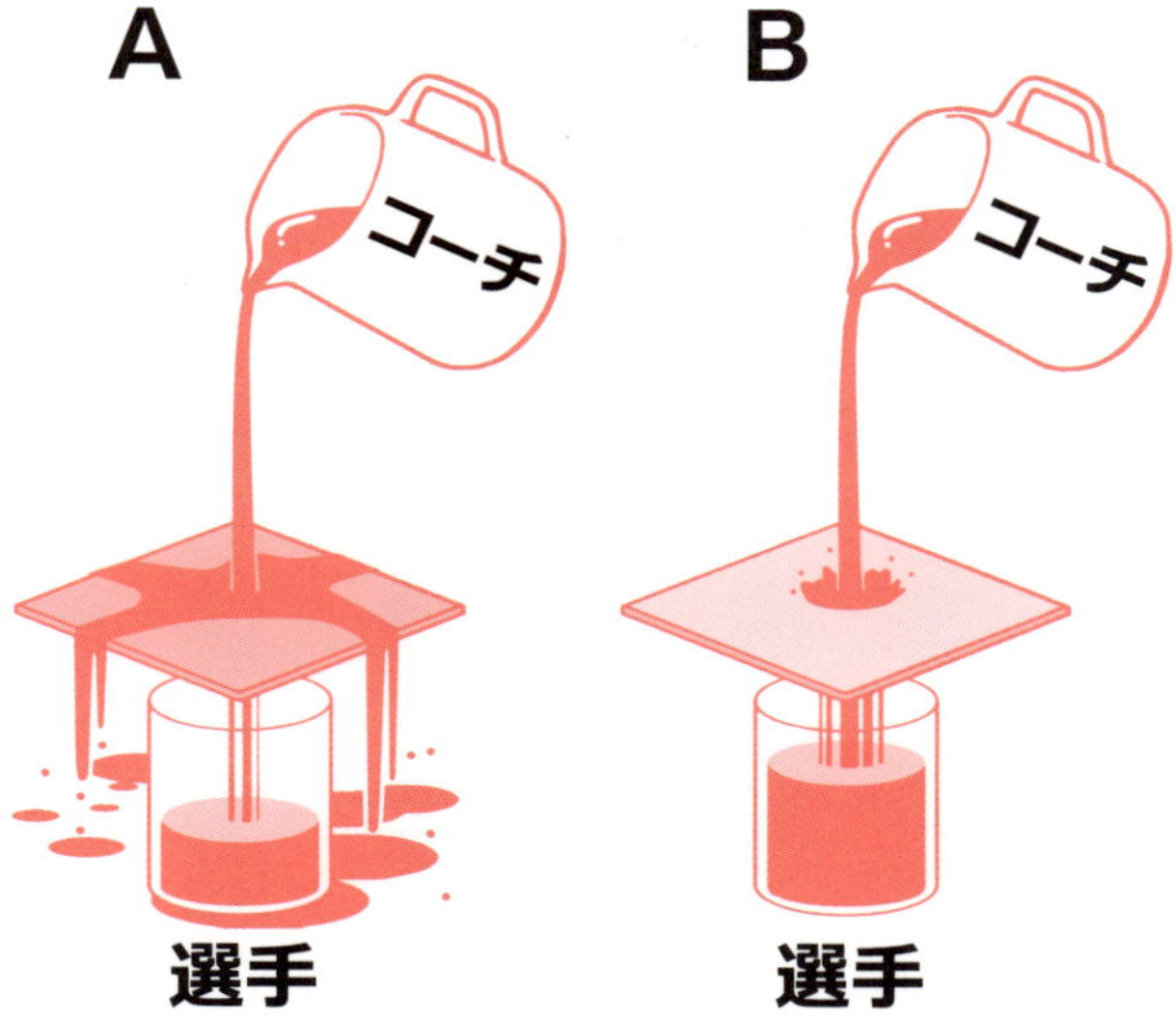

せん。つまりBコーチの言葉は選手が100パーセント理解してくれますが、Aコーチの言うことは60パーセントしか受け取ってもらえないのです。

Aコーチの影響力は100×60パーセントで60。Bコーチは80×100パーセントで80。子どもたちの「信頼」のフィルターを通すと両コーチの優秀さは逆転してしまうのです。これが「信頼」の大切さです。

ただしコーチとしての知識や指導技術が40しかなければ、100パーセント信頼されていても影響力は40。両方のバランスが大事だということは言うまでもありません。

2 選手が信じる指導者、信じられない指導者の違い

コーチと選手は師弟関係です。しかし結局はこれも人間関係ですから「信頼」の影響を大きく受けます。「コーチである」というだけで無条件に選手が信頼してくれるというものではありません。

選手から信頼されるかどうかは、コーチの知識だけではなく人間性が鍵です。コーチには人間としてどうあるべきか、どう振る舞うべきか、という本質的な部分が問われるのです。コーチという立場になると気づきにくくなりますが、自分が選手ならどういう人が信頼できるか、どういう人を信頼したいかということを考えればおのずと答えは見つかるはずです。それは「約束を守る」「言動が一貫している」「自分の利益ばかり考えない」というような人ではないでしょうか。信頼できない人というのはこの逆のような人ということになるでしょう。

こんなことは当たり前だと思うかもしれません。しかしこんな当たり前のことだからこそ大切なのです。コーチには上に立つ者としてのプライドがあります。間違いを認めたく

ないときや、選手よりも優位に立ち続けたいという保身が頭をよぎることがあります。そんなときこそ気をつけなければいけません。

例えば「ごまかし」。嘘をついているわけではないので一線を越えるハードルは低くなりがちです。例えば選手から自分の知らないことを質問されたとします。コーチだからといってすべて完璧に知っているわけではありませんからわからないことはあって当然です。しかし思わず取り繕いたくなったり、知っている振りをしたくなったりすることもあるはずです。ごまかせばその場は切り抜けられるかもしれません。しかし次にもっと深いことを聞かれれば、ごまかしにごまかしを重ねることになり、最後は「嘘」になってしまうこともあります。そこまで悪くならなかったとしても、コーチのごまかしの態度を子どもたちは見抜きます。この瞬間、プライドと引き換えにコーチとしての信頼を失ってしまうのです。

私はむしろ知らないことを聞かれたときにこそ、コーチとして信頼されるかどうかが試されていると考えます。コーチとしての小さなプライドを捨て、勇気を出して「ごめん、それに関してはコーチもよくわからないから勉強してくる」と言えば良いのです。誠実さや真摯さは信頼関係における強固な土台になるのです。

3 言葉に責任を持つ

「信頼」はチームマネジメントピラミッドの土台であり、その中心にあります。左右にある「環境」「責任」という要素と深く関係しています。また「信頼」の上には「戦術」「技能」があり、3段目の「意欲」を積み上げるためにも「信頼」が欠かせません。信頼を失えばピラミッドは中心部から崩壊します。「信頼」はチームの核となるものです。

コーチと選手の「信頼」を築くのは、コーチが発する言葉です。私はこれまでさまざまな環境の選手たちから話を聞いてきましたが、多くの子どもたちがコーチを信頼できなくなるのは「言っていることとやっていることが違う」ときだと言います。コーチという立場になると自分の言動の不一致に矛盾を感じにくくなります。コーチだから良いだろうとか、これくらいは許されるだろうと考えがちなのです。コーチだからと軽く考えてやっていることによって、実は子どもたちの信頼を失っている例はいくらでも挙げられます。

例えばチームのルールとして「遅刻をしない」と定めて選手には厳しく守らせているの

に、コーチが時間にルーズだったりします。練習が始まってからしばらくたってから何もなかったかのように体育館に現れるのです。もちろん仕事の都合もあるでしょう。それならはっきりと「今日は開始には遅れるけど、○○時までには行く」と伝えておかなければならないのです。また「練習中は集中しろ」と言いながら、コーチはほとんどコートを見ていないということもありがちです。コーチの役割は練習の効果を引き上げるために適切な指示を選手に出すことです。選手が一生懸命練習しているのにそれを見ていなければ指示を出すことはできないはずです。また「明日○○を試合に出す」と言っておきながら出さないというのも選手を傷つけます。選手はそのつもりで心身ともに準備してきたはずです。もちろん試合展開が予想と違って出せなくなるということもあります。ですがそれを読み間違えたのはコーチの責任であり、選手の責任ではありません。

コーチだからこの程度のことは許されると思うなら、子どもたちの信頼は得られないでしょう。相手が子どもだからと軽く考えてはいけません。大人同士の関係なら「遅刻したのはいろいろ事情があるからでしょう」と都合よく解釈してくれるかもしれません。でも子どもたちは素直だからこそまっすぐな目でコーチを見ているのです。こういう言動不一致を子どもたちはまっすぐに解釈します。上に立つ者なら、守れない約束はしてはいけないし、交わした約束は必ず守る責任があるのです。

CHAPTER 3

4 ミラーイメージの法則

聖書の言葉に「与えよ、さらば与えられん」というものがあります。相手から何かをしてもらいたいと考える前に、まず自分から相手に何かをしてあげなさい、という意味です。このことを違って解釈すれば、与えたものが返ってくるとも言えます。自分が相手にしたことが、自分に返ってくるということです。これを「ミラーイメージの法則」と言います。目の前にいる人は自分が鏡に映ったイメージが投影されているものだという考え方です。スポーツではコーチの言動は、選手に反映されて結局は自分に返ってくるという意味で使われます。

コーチにとって子どもたちから信頼されるのは大切なことです。しかしそのためにはまずコーチが子どもたちを信頼し、敬意を抱くことが先なのです。

「自分はコーチだ」という尊大な態度で、短絡的に「威厳があるのは当然だ」と考える人はこの順番が逆になりがちです。もしかすると子どもたちが自分を信頼してくれれば、自分も子どもたちを信頼してあげる、というスタンスなのかもしれません。このような、相手がしてくれれば返すという見返り型の対応では選手と良い信頼関係は築けないでしょう。

「性善説」と「性悪説」というまったく反対の説があります。「性善説」とは人間は元来「善」であるという考え方、「性悪説」は元来「悪」であるという考え方です。ここで問題なのはどちらが真理であるかということではありません。大切なのは「信頼」を築くときには、まず性善説に立たなければ成り立たないということです。コーチはどうしても「子どもたちはサボるはずだ。手を抜かないように練習を見張らないといけない」という性悪説に立とうとします。しかしまずは選手に対して無条件で性善説に立つこと。子どもたちはバスケットボールが好きだからやっているのです。好きではなかったら他の部活動を選んでいるはずです。好きなのだからうまくなりたいに違いない。うまくなりたいのだからコーチがその手助けをする。この部分だけは絶対的に信頼しないといけません。

そのうえでさらに「彼はやってくれるはずだ」と信頼してそれを伝えること。もし彼が期待通りのレベルまでできなかったのなら、それはコーチが「ここまではやるはずだ」と一方的に作った基準かもしれません。引き上げてあげられなかったコーチの責任かもしれません。ここは、非常に難しい領域です。コーチとしての哲学が反映される側面です。少なくともここで言えることは、指導者が選手に与えたことは返ってくるという法則があり、不信からは不信が返ってくるということです。

CHAPTER 3

5

尊敬を土台にした関係

信頼関係の築き方にはさまざまな考え方がありますが、私は「尊敬」を土台にしていくのがベストだと考えています。経営学者のドラッカーは「人間はこの人の期待に応えたいという動機で動く」と分析しました。つまり尊敬を土台にした信頼関係です。

ただ信頼関係を築くだけなら、極端に言えば一方が絶対的にへりくだるだけで成り立つこともあります。例えばコーチが子どもたちと同じ目線まで降りて行って、友だち関係のような信頼を築く方法です。しかしコーチと選手は友だちではなく師弟です。友だちのような信頼関係ではなく、選手からコーチに対する尊敬がなければ師弟関係にはならないのです。

以前は「飴と鞭」のような指導法も存在していました。しかし現在はこの方法では人のやる気は引き出せないことがわかっています。結局のところ、最終的には「尊敬」を土台にした関係を築くことがベストだということになるのです。

CHAPTER 3

6 恐怖ではなく尊敬で人を動かす

ジョン・ウッデン氏はコーチの在り方について次のように言いました。「真の指導者は、単に権威のある人物というのではなく、それよりもずっと大きな存在である。看守も権威を持っているが、指導者ではない。指導者とは、人々に意欲を起こさせるために銃を必要としない人のことである」。

拳銃を突きつけるように、恐怖心や威圧感で選手を動かすのはコーチとは呼べません。選手はコーチへの「尊敬」から、「この人の期待に応えたい」という動機を抱きます。選手からの尊敬を得ることが、偉大なチームづくりへの第一歩なのです。

尊敬は捉えどころのないもので、こうすれば尊敬されるという正解がないものです。私は選手から尊敬を得る方法は、知識量ではなく人間としての「魅力」だと考えています。むしろ技術や理論では差がつきにくいからこそ、指導者の人間性で大きな差がつくとさえ考えています。永遠に答えの出ない問いかもしれないですが、「魅力」とは何か、模索し続けることが、コーチには求められているのではないでしょうか。

7 私が最初に信頼した大人たち

ここで少し、個人的な思い出話をしたいと思います。私がまだ小中学生の頃、我が家は父の仕事仲間や近所の仲のいい方々がよく集まる家でした。三兄弟の長男だった私は「良和、ちょっと来いよ」というふうに、話の種にたびたびその席に呼ばれました。「男とはなぁ…」とか「人生とはなぁ…」という子どもにとってはあまり楽しくない話を聞かされたものです。もちろん弟たちも呼ばれますが、みんな面倒くさがってすぐに自分の部屋に帰ってしまいます。

私も最初の頃は大人の自慢話など面白くもない話を聞かされることもあり、食事をとり終えたらそそくさと席を離れていましたが、あるときおじさんたちの話には特徴があることに気がつきました。「この酔っぱらいのおじさんたちは僕を悪い人間にしようとしているのではないんだよな」と思ったのです。酔っているため、言い方は回りくどかったり、同じことを何度も繰り返したりします。でも「俺はこうして成功した」「こうして失敗した」という経験を私に話してくれている。教訓にして役立ててもらいたいと思っているんだろうなあと思ったのです。この大人たちを信じてみようと決意した瞬間でした。

それから私は、積極的に大人の会話の場に顔を出すようになりました。「もっと聞きたい」という姿勢を見せるとさらによく話してくれました。すべてが素晴らしくて正しいアドバイスとは限らないけれど、自分の経験したことのない世界の話を教えてもらったり、新しい見方、新しい発見をさせてもらったりしたことはたくさんありました。

後からどなたかが「信じて聞けば身になり、疑えば蓋をすることになる」とおっしゃっているのを聞き、その言葉通りだと思いました。弟たちは聞かないという選択（＝蓋）をしたので得られるものが少なかったかもしれません。私は「僕のために話をしてくれている」と信じたことで、自分の糧にできたのです。

バスケットボールにおいての師弟関係にも通じます。選手を下手にしようと思っているコーチは絶対にいません。物事を伝える側に工夫が必要なように、受け取る側に準備がなければ、たとえどんなに良い話でも右から左に抜けてしまうだけなのです。

8

何を言うかよりもだれが言うか

人に何かを伝えるとき、言葉の内容よりもだれが言っているかのほうが大事です。素性のわからない人が言うことよりも、良く知っていて、しかも信頼している人が言っていることのほうが信用できるのは当たり前のことです。

コーチにとってこれは特に重要なテーマです。例えばAコーチは長年の指導実績があって、優秀な成績を残しています。もちろん選手からの人望も信頼もあります。一方のBコーチはまだ若く経験も浅い新米コーチです。指導方法を工夫していますし、熱心に勉強をしていて理論的に話すこともできます。しかしまだ選手からの信頼を十分に得ているとは言えません。

この2人のコーチが選手にシュートを教えます。このとき一言一句まったく同じセリフで、同じ時間をかけて説明したとします。どちらのコーチに教わった選手が早く上達するかは容易に想像できます。

文字のように書かれた内容だけに価値があるのなら、2人のコーチの説明を聞いた選手は、どちらもまったく同じようにうまくなるはずです。しかし実際はそんなことはないのです。

良い指導者になろうと指導の内容や理論にこだわるのは大切です。しかしこればかりに熱心になってしまうと、この「だれが言うか」という点を軽視しがちです。いくら理論武装しても、伝え方という段階で壁にぶつかってしまうのです。そんなときは一度選手の立場になって自分を客観的に分析するのも良いかもしれません。選手からの信頼を十分に得られているか。選手なら自分の話を熱心に聞きたいと思うか。魅力的なコーチになれているか。このように相手に伝えるという正解のない能力を磨き続けるのです。

9 信頼銀行

選手はコーチに信頼されなければ試合で起用されません。これは選手にとっては切実な問題です。選手はコーチから信頼を得るときのイメージを「信頼銀行」として捉えるとわかりやすいと思います。

選手はコーチの信頼銀行に自分の信頼口座を持っています。コーチはA選手の口座、B選手の口座、C選手の口座というように、すべての選手の口座を管理しています。信頼の残高は日々の選手の行動や言動などで増減します。

A選手がコーチに信頼されるような行動をすれば、コーチのA口座には信頼が貯まります。B選手が信頼を失うようなことを言えばB口座の残高が減ります。もちろん練習中に良いプレーをすれば増え、悪いプレーをすれば減ります。それ以外にも練習態度や練習の盛り上げ方、チームのルールをしっかりと守っているかなど、さまざまなことによって増減します。

コーチは各選手の信頼残高を比較して試合に出場させる選手を考えます。試合に出場し

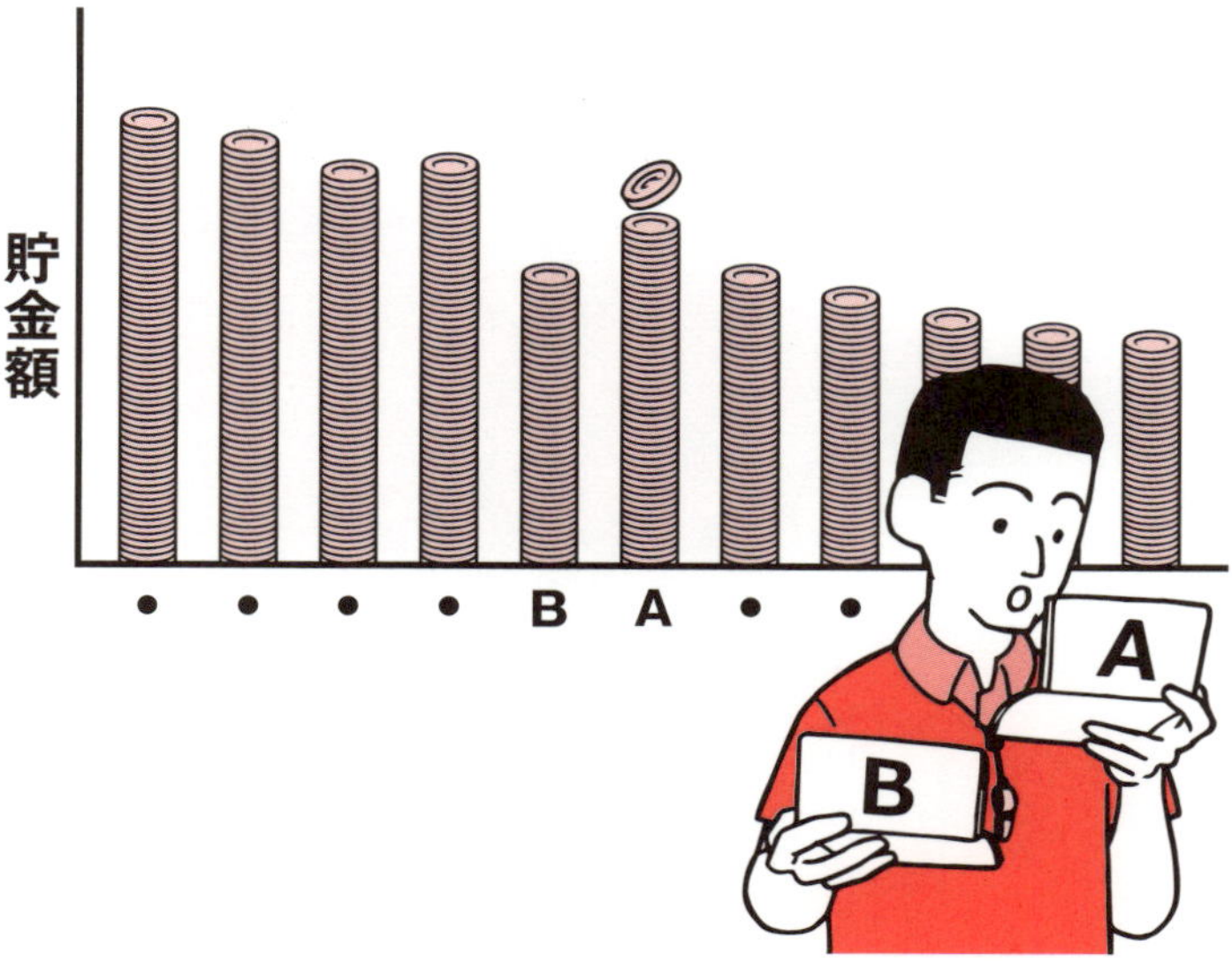

た選手はそこでもプレーの内容によって信頼が増減します。ベンチの選手が試合に出るためには、普段から自分の信頼残高を増やす努力をしなければなりません。

学校の部活動なら生活態度などでも増減します。A選手は真面目で普段から素行の良い子。B選手は普段からいい加減でよく忘れ物をする子。この2人が同じような失敗をしたとします。A選手に対しては「仕方ないな」で済むかもしれませんが、B選手に対しては「何をやっているんだ！」ということにもなります。選手からすれば色眼鏡で見ているという不満になるかもしれませんが、コーチも人間ですから普段の生活態度が信頼の増減に影響し、その残高の違いが叱り方の違いになってしまうことも自然なことなのです。

コーチだけが信頼を管理し、信頼の出し入れをコントロールしているわけではありません。もちろん選手の側にも信頼の銀行はあります。選手たちの信頼銀行の中にある、コーチ口座の信頼残高が高ければ、選手たちはコーチの期待に応えようと一生懸命にチームに貢献してくれるでしょう。逆に、コーチ口座の信頼残高が少なければ、影響は受け取られず、彼らを成長させることもチームを向上させることも難しくなるのです。

チームが強い信頼関係で強固なピラミッドを積み上げるためには、選手側も指導者側も、信頼の預け入れが多く引き出しが少ないチームを目指すことが重要です。

しかしそれは、お互いが迎合しあったような、信頼を引き出さないように遠慮しあった関係ではなく、信頼を高めあえるようにお互いが嘘やごまかしを言わずに、誠実に真摯にチームと向き合っているチームであることが重要です。

10

返事や挨拶を指導者が徹底することの価値

初対面での返事や挨拶はその人の第一印象を決めます。第一印象は信頼残高を増減する最初の取引です。多くのコーチが返事や挨拶を徹底するのはここに理由があります。

初対面でも信頼取引は必ずプラスかマイナスに動きます。でも初対面ではお互いのことがほとんどわかりませんから、このときの増減の基準は「しっかりしている」とか「だらしなさそう」といった単純なこと。だから返事と挨拶が大事なのです。

そしてこの第一印象でプラスになるか、マイナスになるかは、その後の信頼の増減にも大きな影響を及ぼすことになります。例えば最初にマイナスに動いてしまうと、次にマイナス要素があったときに加速度的にマイナスに変動します。加速度的にですから実際にはちょっとしたマイナス要素だったとしても、それ以上に悪化してしまうのです。逆に第一印象でプラスに動いたときは、その後にマイナス要素があったとしてもゼロ以下にはなりにくいという傾向があります。色眼鏡で人を見るのは不公平なのは確かですが、人間の信頼関係にお互いの第一印象が影響するのはある程度仕方のないことなのです。

返事や挨拶はスポーツの能力と直接関係はありません。返事をしたからプレーがうまくなるということはありませんし、返事をしなくても高いハンドリングスキルを身につけることは可能です。挨拶も同じです。ですが、優れた選手になるためには、やはり返事や挨拶といった社会性が重要になるのです。

それはコーチが第一印象で好感触を持った選手には、無意識のうちにその後も好感触を持ち続けるという傾向と関係があるからなのです。最初に好感触を持った選手がちょっとした失敗をしても、コーチはすぐに挽回のチャンスを与えます。しかし最初に印象が悪かった選手は最初のチャンスをもらうまでに高いハードルがあります。またせっかくチャンスをもらったとしても、そこでちょっとした失敗をすれば「やはりダメだ」というレッテルを貼られてしまうでしょう。チャンスをたくさんもらえた人は多くの経験を得られます。その経験を糧にしてさらに良い選手へと成長するのは必然なのです。

また第一印象で好感を持ってもらえるような選手は周囲からも応援してもらえます。スポーツ選手として成功するということは、社会的なことなのです。社会性無くしてスポーツ選手としても指導者としても大きな成功を収めることはできないのです。

CHAPTER 3

11 プラスアルファの魔法

信頼銀行の残高は日々少しずつ増減します。このとき通常はプラスにある人はプラスの範囲内で、マイナスにある人はマイナスの範囲内で増減します。±０の境界線には高い壁があり、特にマイナスからプラスにしようとするときには「プラスアルファの魔法」が必要となります。

コーチは選手に対して無意識のうちに「期待のライン」を設定しているものです。期待のラインとは「この選手ならこれくらいはやってくれるだろう」という想定ラインです。この基準に沿った行動をしているだけでは信頼残高は微増微減を繰り返すだけで、±０の壁を越えてプラスになることはありません。第一印象が大事だという理由がここにもあります。

また日々の増減は微増と微減がほとんどです。大失敗をしたときには急激に減ることがあります。しかし残念なことに急激に増えることはほとんどありません。マイナスからプラスにすることの難しさはここにあります。

そこでプラスアルファの魔法ということになります。魔法をかけるには期待のラインを大きく越えたプラスの行動をしなければなりません。例えばチームの朝練は7時から始まるとします。それを6時からシューティングをすればプラスへ働くでしょう。

このように良いほうに期待を大きく裏切ることがプラスアルファの魔法です。プラスアルファの魔法には相乗効果もあります。もし先輩が6時に来ているなら、それを手伝おうとして後輩も6時に集まってリバウンドとパス出しをやるようになるとします。こうなると1人でただシューティングをやっているよりも格段に効率がよくなります。先輩はシューターとして、後輩はリバウンダーやパッサー(パスを出す人)として成長するはずです。そのチームではそれが語り草となって何年も後輩に受け継がれていくかもしれません。プラスアルファの魔法には、そういったチームを劇的に向上させる効果もあるのです。

コーチが「この練習をやりなさい」と言って、それを期待通りに真面目にやったとします。選手としては言われたことを忠実に実行したのですから、プラスされて当然と思うかもしれません。しかしそれはコーチの「期待のライン」の範囲内です。プラスアルファの魔法をかけるなら、それを越えていかなければなりません。信頼を劇的に高めるために大事なことは、常に「良いほう」に期待を裏切り続けることなのです。

12 選手にも都合がある

選手の上に立つコーチは、不注意なミスや軽はずみな言動が取り返しのつかないことになるかもしれないという緊張感を持たなければなりません。そうすると、ついつい選手たちに対しても厳しい対応を選びがちです。しかし、コーチは選手にも都合があると理解することが大切です。

選手に信頼されるためには、まずコーチが選手を信頼しなければなりません（42ページ）。しかしいくらコーチが選手を信頼していても選手のほうからコーチを裏切ることがあります。中学生や高校生は未熟であるがゆえにムラもあります。期待以上にやってくれるときもあれば、期待の半分しかやれないこともあるのが当たり前です。

そんなときコーチは「あいつはダメだ」とレッテルを貼りやすいものです。自分が選手を信頼していれば期待を裏切られたというダメージも大きくなりがちです。しかし一度の失敗を許せずに、感情を優先し、信頼を下げたままというのはあまり良いコーチとは言えません。子どもですから、問題や失敗があったときには、何か事情があったかもしれません。もし何か事情があったとしたら、有無を言わせず頭ごなしに決めつけてしまうことはとても危険なことです。いきなり怒鳴ったりすれば、選手は余計に事情を説明しづらくなるでしょう。

まずは一度冷静に選手の事情を聞いてみること。もしかしたらそれがより深い信頼を築くきっかけになるかもしれません。お互いの信頼を壊すのは一瞬です。崩さないように、どうやって継続していくかということについては注意深く、慎重であったほうが良いのです。

CHAPTER 4

責任

人材の基礎になるもの

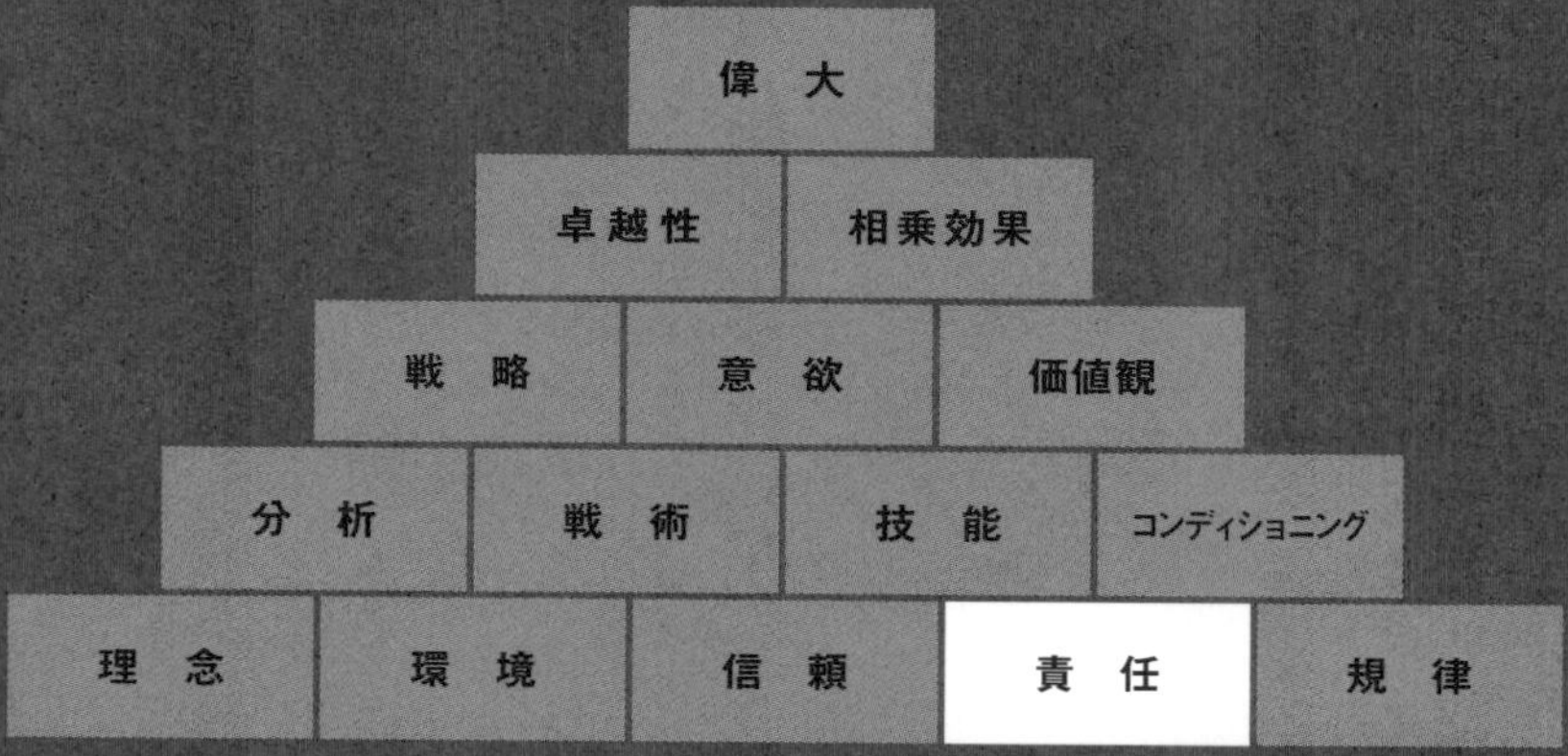

CHAPTER 4

1

責任感が信頼を生み出し、規律を強める

チームマネジメントピラミッドで「信頼」と「責任」は隣同士の関係です。さらにその隣に「規律」があります。ピラミッドで隣り合っているものはお互いが関係し、影響しますから、「責任」と「信頼」が補強しあい、同時に「規律」を強めるということになります。これについて詳しく説明したいと思います。

コーチにとっての責任とはチームを預かっていることそのものです。コーチなら、預かった選手の成長やチームの成績に責任を持たなくてはいけません。コーチであるのに選手に間違ったことやいい加減なことを教えたり、勝っても負けてもいいんだという軽い気持ちでいたりしては、コーチとしての責任を果たしているとは言えません。

また組織を継続させることもコーチの責任です。一過性の成果しか挙げられなかったり、選手が途中で空中分解してしまったり、廃部したりといった事態は未然に防がなければなりません。そしてさらに自分の行動に責任を持てるような選手を育てることもコーチの責任と言えるでしょう。

一方で選手の責任は自分がバスケットボールを通じて成長すること。勝利に向かって精一杯の努力をして、その結果に責任を持つことです。

責任と信頼は影響しあいます。選手が成長するのは選手自身の責任だと思うということは、コーチの視点から見れば選手は自らを磨いていけるはずだと信頼することからスタートします。そして責任感のない選手ばかりの組織に規律は生まれません。

しかしコーチは「子どもたちにできるはずがないから自分が教えなければいけない」という考え方に陥りやすいものです。これは一見するとコーチの責任感が強くて良いことのように思えます。しかし、裏を返せば実は選手を信頼していないだけなのではないでしょうか。信頼のない責任感は弱いもの。選手がコーチに寄りかかっているような責任感では本当の困難に直面したときに簡単に折れてしまうでしょう。どちらかが欠けたり小さかったりすれば土台のバランスは悪く、高くて強いピラミッドは築けないでしょう。

私はコーチが選手を信頼し、選手もコーチを信頼しているチームが理想だと考えています。コーチは選手がうまくなるのは選手次第、つまり選手の責任だと信頼して任せるのです。ただし選手がどこかでつまずいたり、間違った方向に進んでしまったら、それを建設的な成長の方向に導くべく、指導者として責任を持っていなければならないのです。

2

口に出したことは必ずやり遂げるという責任感

コーチは軽はずみな約束をしてはいけません。また自分の発した言葉を、選手がどのように受け取っているかを意識しなければなりません。軽い言葉が選手との信頼を根本から壊してしまうことがあります。

エルトラックが主催しているバスケットボール教室でのことです。教室が終わって時間があるときに、希望者がいれば30分ほどの個人レッスンをしていたことがあります。評判が良くなり希望者が増えたためコーチが足りなくなりました。そこで、個人レッスンの希望が重なったときには、レッスンを受けられる人をじゃんけんで決めるようにしました。

あるときじゃんけんに負けて悲しそうな顔をしている子がいました。担当コーチはその子を慰めるつもりで「来週やろうね」と言ったそうです。おそらくコーチは軽い気持ちだったのでしょう。翌週になるとそのコーチはこのことをすっかり忘れて、いつも通り希望を募り、その子はまた負けてしまったのです。

コーチには約束を破ったというつもりはなかったかもしれません。でもその子は「今週はコーチに教えてもらえる」という正式な約束として受け取った言葉でした。この瞬間、その子のコーチへの信頼は崩れてしまいました。

気をつけなければならないのは、お互いの距離が近くなったときです。コーチは言葉を軽く発しがちになります。冗談のつもりで言ったことを本気で受け取られるということもあります。

コーチは一度言葉にしたことは必ず守らなければなりません。守れない約束はしない。万が一、約束が守れないときには誠実に対応する必要があるのです。「次の試合で出場させる」と言ったら、たとえ試合の流れが予想と違っていても試合に出すことができるかどうかです。子どもたちはその試合でベストを尽くそうと思って準備しているはずです。普段から「ベストを尽くしなさい」と言っているのならなおさらです。ベストを尽くそうと準備してきた子を裏切るだけでなく、言動が不一致ということになります。これでは子どもはコーチを信頼できません。

コーチと選手は冗談も言ってはいけないというのではありません。適当な冗談を言ってふざけたり、適当にかわしたりして良い場面もあります。真面目さと不真面目さが同居していれば、それがコーチの魅力になることもあります。大事なのは自分の言葉が子どもにとってどういう意味を持つのかを常に意識することだと思います。

3 責任とは反応を選択する能力である

「責任」は英語で「レスポンシビリティ」と言います。「レスポンス（反応）」と「アビリティ（能力）」がくっついた言葉です。それぞれの意味から解釈すると、なんらかの外的な刺激に対して、自分の反応を選ぶ能力がある、ということが責任感があるということです。そこでコーチにとってのレスポンシビリティについて考えてみたいと思います。

「パブロフの犬」という有名な実験があります。餌の時間になると、まずベルを鳴らし、その後に餌を与えます。これを何日も繰り返していると、犬はベルという音の刺激と餌の時間になったことを関連づけるようになります。ベルを鳴らすだけで餌の時間になったと思い、よだれを流すようになるのです。これを条件反射と言います。

人間は刺激と反応の間に理性を働かせることができます。

人に何か腹の立つことを言われたときに条件反射的に同じレベルのことを言い返してしまうのはレスポンシビリティが未熟な人です。チャイムと同時によだれを流してしまっているようなもので、責任がある反応ではありません。「一度冷静になって考えよう」という余裕を持てることが責任を果たせる人の特徴です。

コーチならば、感情的に選手たちを怒鳴るのではなく、理性的に叱ることができなければなりません。感情に任せて言うべきではないことまで言ってしまうのでは、選手との信頼関係を保ち続けることは難しいでしょう。

常に自分が選んだ言葉、態度に責任を持てることが大事です。その言動、その態度がどんな結果につながったとしても、自分で選んだ言葉なのだから、自分で選んだ態度なのだからと受け入れることができるのが責任感があるということです。

CHAPTER 4

4

成長の責任を負わせる

コーチは子どもたちを成長させるためには自分の指導力が必要だと考えがちです。自分が教えなければ何もできないから教えるのだという姿勢です。しかしそれでは子どもたちはいつまでも依存状態から抜けられません。しかも壁にぶつかったときや、うまくなれないと悩んだときに「コーチの教え方が悪いからだ」というロジックに陥ってしまいます。これではいつまでたっても自分の成長に責任を持つメンタルは身につきません。

まずはコーチが考えを変える必要があります。選手が成長するかしないかは選手の責任だと考えるのです。そして選手自身にも、成長は自分たち次第なのだと考えるように意識を方向づけていきます。コーチの役割は指導ではなく、この意識を植えつけることでもあるのです。

同じ練習を、同じようにやっても、全員が同じようにうまくなるわけではありません。上達するかどうかは選手の意識によります。選手は与えられた練習メニューを必死にやることもできるし手を抜くこともできます。言われた通りにやることもできますし、工夫することもできるのです。コーチがこの練習をやればここまでうまくなるはずだという考え方で、練習しているチームの成長スピードが遅いのはこのためです。

特に日本の子どもたちを依存から脱却させるのはとても難しいと思います。家庭でも、学校でも、社会でも依存状態になりやすい文化になっています。だからこそスポーツの現場では、子どもたち自身の責任の持ち方を教えていくということが大切なのではないでしょうか。私はそれこそがスポーツの存在意義だと思っています。

課題を与えるのが指導者の責任 課題を克服するのは選手の責任

あるヨーロッパのサッカークラブの練習を見学していたときのことです。そのチームは育成が評判のチームで、日本から10数人で見学に行きました。日本の指導者たちは、そのチームの練習では選手ができるようになるまでしっかりとは教えないことに違和感を感じていました。そこで、終わった後に「なぜできるようになるまで指導しないのか?」と質問したのです。

返ってきた答えは、「課題を与えるのが指導者の責任、課題を克服するのは選手の責任。選手たちは明日までにこの練習をどうしたらいいいか、考えてくるよ」というものでした。成長の責任に関する文化の違いを痛感した出来事でした。

5

責任を果たす選手に育てる4つの鍵①
役割の明確化

ここからは、選手が自分の仕事に責任を持つようにするために行いたい実践的な4つの方法を紹介したいと思います。

一つ目は「役割の明確化」です。文字通り役割をはっきりさせるということ。例えばバスケットボールなら「シューターを決める」とか「相手チームのエースをマークする役割を決める」ということです。これによってどのような変化が起こるでしょうか。

コーチはシューターとして任命した選手に「アウトサイドの得点力はお前にかかっている。期待しているぞ」とはっきりと伝えます。その選手は試合での自分のシュート本数や成功率について責任を負うことになります。責任を負うからには達成するためにシュートフォームを磨くなどして努力をしなければなりません。またシュートの確率を上げるためにはどうしたらいいか考えるでしょう。このように役割を明確にするということで、選手は自らやるべき練習を考え、工夫しながら取り組むことになるのです。

このときまず選手に役割をはっきりと伝えなければ意味はありません。コーチが心の中でその選手にアウトサイドのシュートを期待していたとしても、それを本人に伝えなかったらどうでしょうか。その選手は次の試合に出るかどうかもわかりません。出たときに何をすればいいかもわかりません。漠然と自分はアウトサイドのシュートが得意だと自信を持っていても、さらにそれを磨こうと意識した練習はしないでしょう。漠然と日々の練習をするだけです。役割を伝えたときと比べてどちらが良いかは明らかです。

試合に出て活躍する選手だけでなく、ベンチメンバーにも役割を持たせられます。チームメイトが乗っているのが船なら目的地に進むために必要なのは操縦士ばかりではありません。掃除係やコックや監視役も必要です。操縦士が休んでいる間の代役もいなければなりません。バスケットボールチームも試合に出て得点することだけでは成り立ちません。ベンチメンバーにはスタメンの代役を務めるための準備があります。相手チームのスコアを分析することも重要な役割です。声で味方のプレーを後押しすることもできます。

もちろんトップレベルのチームのように選手のレベルや意識が高ければ、コーチが単純に「うまくなれ」とか「チームに貢献しよう」と言うだけでも、選手は自分が何をすればチームの役に立つかということがわかるようになります。理想はそういうチームですが、まずは役割を明確にするところから始めることが、責任感を育てる第一歩です。

6

責任を果たす選手に育てる4つの鍵②

フィードバック

責任を果たす選手に育てるための実践的方法の二つ目は「フィードバック」です。試合のスコアやスタッツなどを記録、分析して、各選手のチームへの貢献度を振り返るのです。フィードバックすることによって、選手のやる気を引き出し、ひいては責任感を強くするという効果が期待できます。

例えば選手に3Pシューターという役割を与えたとします。その選手の試合でのシュート本数と成功率を出して貢献度を明らかにします。同時に分析ができます。シュート本数が少ないのならもっと打てるように工夫しなければなりません。成功率が低いのならもっと正確に決められるように努力しなければなりません。やるべきことがはっきりするのです。結果的にその選手は自分が3Pシューターとして成長することに責任を持つことになります。

ただしディフェンスのように貢献度をフィードバックしにくいものは注意が必要です。例えばマンツーマンディフェンスのうまい選手にエースキラーという役割を与えたとします。その選手はチームの勝利に貢献しようと頑張るでしょう。しかしディフェンスですから、試合が終わってスコアを見てもその選手の貢献度はあまり見えません。成果がわかるとすると、そのチームと何度も試合をしていて、以前はエースに30点取られていたけれど、今回は10点に抑えたというような違いが見られた場合に限られます。初めての対戦だと比較のしようがありません。現実的にはディフェンスはスコアに表れないからフィードバックしにくいという面があります。

しかし、専門的に分析していけば、ディフェンスにもディフレクションという貢献度の数値の出し方があります。スティールははっきりと相手のボールを奪った回数ですが、ディフレクションはボールを奪うまではいかなかったけれどボールに影響した回数のことです。例えばディフェンスの手に当たったけれど相手ボールのスローインになったとか、相手のパスが通っていれば失点した場面でアウトオブバウンズ（コートの外にボールを出すこと）に逃れたといった回数を集計するのです。

ディフェンスに責任を持たせるなら、こういう数値もフィードバックの材料に使うなど、選手たちの努力や責任感に対してしっかりとフィードバックできる仕組みを作っていく必要があるのです。

7

責任を果たす選手に育てる4つの鍵③

継続学習

責任を果たす選手に育てる方法の3つ目は「継続学習」です。これは選手が成長するにつれて、コーチはレベルに見合った的確な練習メニューや理論を提供し続けなければならないということです。

ある選手がディフェンスのスキルをもっと磨きたいと思っているとします。しかし一生懸命に練習しているのになかなか成果が出ません。練習は成果を出して初めて意味を持ちます。高い意識を持った選手だからこそいつまでも成果の出ない練習をしていれば、やがて意欲は薄れてしまうでしょう。

原因はディフェンスについての情報や知識が足りなくなっているためだとわかりました。もっと良い練習や良い考え方があるのなら、コーチはさらに学習していけるチャンスを与えてあげなければなりません。これが継続学習です。

例えば、選手がどうにかしたいと思い自主的にクリニックのようなものに参加したとします。これは選手が自分で責任を果たそうとしている歓迎するべき行動です。しかし現実にはコーチにもプライドがあり「そんなことは許さない」ということになりがちです。コーチの知識や情報が選手のレベルに見合ったディフェンスを指導できないのなら、何か別の方法を選手に提案しなければなりません。

海外の強豪国では、自分の力を伸ばすためにチームのコーチ以外の指導者に学びにいく機会が開かれていたり、年代ごとにチームがあって、いろいろなコーチから学びながら成長していく機会が作られたりしています。

日本でも、もっと選手に成長の責任を与え、それに見合った継続学習の機会を作っていく必要があるのです。

CHAPTER 4

8

信頼

責任を果たす選手に育てる4つの鍵④

責任を果たす選手に育てる方法の4つ目が「信頼」です。責任感のある選手に育てたいと考えるなら、まずはコーチが「選手は責任を果たしてくれるはずだ」と信頼し、それが選手に伝わっていなければなりません。この前提があるから選手もコーチを信頼し、全力で自分の責任を果たそうとするのです。もしコーチからの信頼が軽ければ、選手は自分の責任も同程度に軽いものだと考えるでしょう。それがコーチへの不信感になることさえあります。

私が指導していた選手の中には、日頃の素行が悪く、学校でも問題行動を起こしてしまうような者がいました。バスケットボールのスキルは非常に高いものを持っていましたが、周りへの気配りや協調性に問題があり、チームでも周りの選手に対して不平不満をぶつけていたのです。彼を否定的な姿勢で扱ってしまうことは簡単ですが、私は彼の成長に貢献することを決意し、彼を信じることから始めました。

まず彼に役割を与え、チームのためにそれを果たしてほしいと頼んだのです。そして、君ならばそれを達成してくれると信じていると伝えました。最初は、その期待に応えようと彼はポジティブな行動を起こしてくれました。もちろんそう簡単には人間が根本的に変わるわけはありません。時々、その責任に背いた行動をとってしまうこともありました。その都度、私は彼に話をし、時に叱りもしました。

そして、こうも伝えました。私が叱るということは、君はこの責任を果たす能力があると信じているという証拠だ。私が君を信じていなければ、どうせできないと諦めていれば、ここで君を叱ることはない。私は君を信じると決めた自分自身のことを信じている。そして、「責任を果たしてくれると信頼し続ける」。君も自分自身の心の奥底にある誠実な気持ちを信じるべきだ。

彼はそれ以来少しずつ責任感を行動に移せるようになりました。

全員が全員、このように良い方向に影響を受け取ってくれるわけではありません。しかし、「責任を果たしてくれると信頼し続ける」責任が、指導者と選手の関係をより深いものにするのかもしれません。

CHAPTER 5

規律

チームを一つに統率するもの

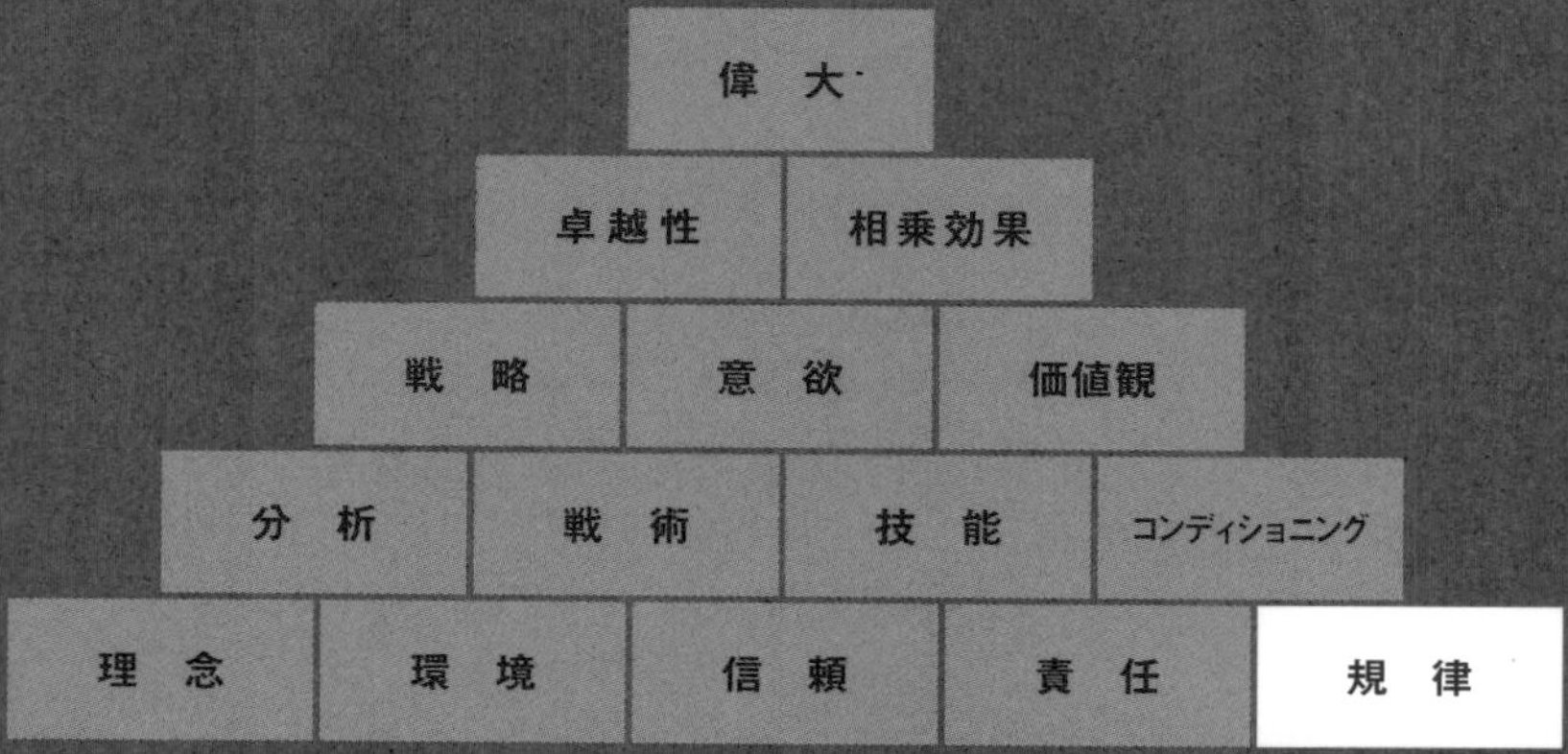

CHAPTER 5

1 偉大な組織に共通する条件は規律である

偉大な組織になるためには「規律」が必須です。規律なき組織に偉大な組織はないと言っても過言ではありません。ビジネスの世界でも、スポーツの世界でも偉大な組織には規律の文化が存在します。では、その組織を真似て、規律の文化を作れば、偉大な組織の仲間入りをすることができるのでしょうか？　もちろん、そんなことはありません。組織が違えば理念や環境が違いますから、必然的にルールなどの規律も違ったものになるはずです。

例えば学校の部活動では「時間厳守」というルールを定めているチームは多いでしょう。そのチームにとって練習の開始時間は規律を高めるための絶対的な約束です。しかしクラブチームなどのように、選手やコーチがさまざまな場所から集まるため時間通りに集まれない環境では、「時間厳守」というルールは作れません。それなら別ルールを作って徹底し、「規律」とすれば良いのです。

ルールは絶対に守らなければならないものです。この「絶対」がチームの規律となります。ある会社が「毎年○パーセントの成長」という目標を定めたとします。しかし会社ですから景気の影響を受けます。好景気なら達成できるけれど、不景気だからできない、というのでは規律になりません。不況でも社員が力を合わせてなんとか目標を達成しようと努力する。そこに規律が生まれるのです。「不景気だから仕方がない」と考える組織は、逆に好景気のときにはちょっと目標を高くしようと思うものです。これでは最初にあった目標はほとんど意味のないものになります。

不景気のときでも規律を持って一定の成長を達成し、好景気でも自制して一定の成長をし続ける。これは、現実にある一つの偉大な企業の特徴です。こういった規律の文化を持つ組織が偉大な企業になっています。規律を守るということは、気が向いたときだけ実践するといったレベルのものではありません。やると決めたことは、徹底してやり続ける、やりきるというのが規律を守る組織です。

「規律」と「理念」はチームマネジメントピラミッドの土台を両側から支え、頂点の高さを決める重要な部分です。両側が弱ければ崩れてしまいます。それだけ重要な要素と言えます。

2

チームルールはどう作るか

チームの「規律」を保つためにはルールが不可欠です。ルールについては28ページの「環境」のところで紹介しましたが、そのルールを徹底するというのが規律です。例えば強豪校にはよく「体育館に入るときに脱いだ靴を揃える」とか「ユニフォームに着替えたら全員のバッグを並べる」というルールがあります。こういったものが無数にあることもざらです。これを形だけ、表面だけ真似しても意味がありません。それどころかルールを作ること自体が目的になってしまい、やがて強豪校以上のルールによってがんじがらめになるだけです。

そもそも靴やバッグを揃えたからといってバスケットボールのスキルが身につくわけではありません。靴やバッグのルールと強豪校であることはほとんど関係がないのです。強豪校たるゆえんは、まず「理念」があり、それを実現するために「規律」を求めているということなのです。まずはコーチが選手に一番伝えたい、チームの核となる理念を持つこと。そうすればおのずと定めるべきルールは決まるはずです。

CHAPTER 5

3

ルールとマナーの違い

ルールとマナーがあります。ルールは何があっても守らなければならないもの、マナーは守ったほうがより良いものという明確な違いがあります。

ルールは全員が納得して決め、一度決めたら絶対に守らなければなりません。破ったときの罰則も定め、だれもに公平に適用します。チームのエースだろうと、先輩だろうと例外があってはいけません。罰則があるからには守られているかどうかをチェックするシステムも必要です。これらはルールで「規律」を保とうとするときに必ずやっておかなければならないことです。

一方でマナーは「こうあることが望ましい」という漠然としたものです。仲間内やチーム内の暗黙の了解のようなもので、行動の指針といっていいかもしれません。マナーにはルールのような罰則もチェック機能も必要ありません。

ルールを破って罰を受けるのはだれでも嫌なものです。仲間が罰を受けるのを喜ぶ人もいないでしょう。理想の組織はルールではなく、マナーでうまくいくことが多いものです。

CHAPTER 5

4

規律を徹底することを恐れない

ここで、ウッデン氏がUCLAを伝説的なチームに育てる際に、「規律」についてどのように考えていたかがわかる印象的なエピソードを紹介したいと思います。チームには「ヒゲを生やしてはいけない」というルールがありました。もちろん選手たちも納得したものです。ある年のシーズンオフが明けて、選手たちが顔を合わせました。するとチームのスター選手、ビル・ウォルトンがヒゲを生やしていたのです。ジョン・ウッデンは「そのヒゲはどうしたんだい」と聞きました。ビル・ウォルトンは「これは私の個人の尊厳であり、自由だ。1人の人間としてヒゲを生やすことは認められるべきだ」と答えたのです。

彼はチームにとって欠かせない選手ですから、チームを辞められたら困ります。かといってヒゲを生やすことはチームのルールに反します。彼を特別扱いしてヒゲを生やすことを認めたらチームの「規律」は守れません。コーチとしては大きな選択を迫られます。

ジョン・ウッデンは迷わずに次のように言いました。「それは君の強い信念かい？ ビル、私は自分の信じることを固く守る人物をたいへん尊敬している。けれども、このチームのメンバーたちは君がいなくなって淋しく思うだろうね」

ヒゲを生やすことが個人の自由だというビル・ウォルトンの主張は否定しません。しかしヒゲは禁止だというチームのルールに例外はないということを伝える絶妙な言い方です。

それを聞いたビル・ウォルトンは黙ってヒゲを剃ったそうです。

ジョン・ウッデンは彼に迎合することはしませんでした。それよりもチームの規律を守ることを優先したのです。規律とはそこまで徹底して守るものなのです。

5 「規律の徹底」と「ルールを破らせる」というパラドックス

「規律」はチームの絶対的なルールで保たれます。しかし、ルールを守ることを目的化してはいけません。理念を強化すること、何かを伝えることが目的でそのためにルールが作られ、それを規律を持って守らせることでチームの理念が強化され、強い組織が作られるのです。

ところが、目的のためにルールをあえて破るべき場面もあるのです。柵の向こうに池がありますでも入口に「入るな！　危険」という立て札がありました。立ち去ろうとした瞬間、池でおぼれている子どもが見えました。この緊急事態でも入らないでしょうか。「入るな！」の理由はおぼれる危険を避けるためです。目の前で子どもがおぼれているのだからルールはすでに意味を失っています。ならばいますぐ全力で助けなければならないのです。

実はバスケットボールにも同じような状況はあります。例えば「パスを5回してからシュートする」というオフェンスルールを破り、3回パスをまわしたところでシュートをした場合です。ルール違反ですが、「そのタイミングでノーマークになったから」だとすればどうでしょうか？ 目的はシュートを決めることです。ならば、チャンスを逃さず判断したのはむしろ正しいのではないでしょうか？

この例に限らず、ルールの目的や背景を理解していれば、ルールを破ることができます。むしろ子どもたちが自分で考えてルールを破ったときこそ指導のチャンスです。ルールを破った理由を聞くことによって、さらに理解が深まるかもしれません。日本の子どもたちは言われたことをしっかり守る、人の期待通りの行動をとることが得意です。しかし、人と違う行動をとること、自分で自分の考えを持って行動することを苦手としています。

スポーツを通じて、子どもたちの成長に貢献するのであれば、彼らが苦手とする部分、つまり「敢えてルールを破らせる」というのも一つの教育です。学校や社会ではなかなか手に入らない機会をスポーツで提供するのです。ただし、こういった側面を伝えたときに結果として規律の弱い組織になってしまっては元も子もありません。

チームの規律は高い次元のまま、目的を持ってルールから逸脱できる、そんな選手を育てていくことができたら、スポーツが子どもたちに果たす教育的な貢献は、非常に価値があるものになると思うのです。

CHAPTER 6

モルタル

ブロックとブロックの関係性

CHAPTER 6

1 引力と斥力のバランス

ここでは一度チームマネジメントピラミッドの最下段に並ぶ5つの要素の特徴を整理したいと思います。タイトルの「引力」とは子どもたちを引きつける力、「斥力」とは子どもたちの反発を招く力という意味です。5つの要素は「引力」が働くものと「斥力」が働くものに分けられます。

ピラミッド左側の「理念」と「環境」は「引力」が働きます。理想のチーム像を語ったり、練習環境を整えたりすればチームとしての魅力が増し、厳しい練習に立ち向かう原動力となるからです。反対に右側にある「規律」や「責任」には「斥力」が働きます。ルールが必要なことは理解できても厳しいチームよりは、自由なほうが楽だと思うのが子どもです。また日常生活で依存状態から抜けることができていない子どもにとって「責任」は重荷と感じるものなのです。そして中心に「信頼」があります。左右両方のバランスをとり、つなぎとめるのが「信頼」です。

ピラミッドは左右のバランスがとれていなければなりません。引力が強すぎれば、楽しそうだけれど実際は、約束も守れず実力もないチームになってしまうかもしれません。逆に斥力ばかりが強ければ、厳しいばかりで活気のないチームになってしまうでしょう。斥力を強めたら、引力も強めるとチームのバランスがうまくとれます。引力と斥力のバランスがとれたまま大きくなれば、幅が広く強い土台となります。その上にはより大きなものを積み上げられるでしょう。

2

若い指導者が陥る失敗

若いコーチはチームを強くするという意欲にあふれていて、情熱を持って指導に取り組む方も多いです。野心を持って、強豪校の仲間入りを目指す方もいるでしょう。しかし、若い指導者は自分が持っている引力と、選手に課す斥力のバランスが悪くならないように注意しなければなりません。つまり選手がコーチに対して感じている「引力」が小さいのに、一方的な熱意から「斥力」を強めてしまうことがあるのです。

若いコーチにはまだ実績も経験もありません。強豪校のコーチのように、選手を引きつけるだけのブランド力や説得力がない場合がほとんどです。そういう段階でいきなり強いチームがやっているような厳しい規律を取り入れたりするとピラミッドのバランスが崩れてしまいます。

引力の中で一番強く働くのは、選手一人ひとりの「うまくなりたい」とか「勝ちたい」という気持ちです。選手にこの気持ちがあるから厳しい練習も頑張れるし、厳しいルールも守ろうと思えます。強豪校にはこういった素養を持つ選手が多く入ってきます。ところが、若い指導者の方がこれから強くしようと思っているチームには、そういった素養を持つ選手がいることは稀です。そういう未熟な選手に対して、強豪チームの選手と同じようにできるはずだというところからスタートしてしまうと、選手の気持は離れてしまいます。焦っても良い結果は生みません。一見遠回りですが、まずは選手の内面を変えるところから始めます。バスケットボールを好きにさせ、信頼関係を作り、先生の期待に応えたい、もっとうまくなりたいと思ってもらえるように働きかけるのです。

ただし、まだ選手の意識が低いから規律は何もなくて良いというものではありません。意識が上がってきたからといって途中で規律を強くすると、これも反発を招きやすいものです。どんなチームでも最初から理念に沿った最低限のルールは決めておかなければなりません。ここでも引力と斥力のバランスに気をつけることが肝心です。チームづくりに迷ったら、ピラミッドを真ん中から積み上げましょう。その上で、左右の石をしっかりとバランスよく作り上げていくことが重要なのです。

3 一流は相反する両面を同時に手にする

人間の能力の一つに「AND（アンド）の才能」というものがあります。相反する二面性を同時に手にできる才能のことで、人の「魅力」にも通じるものがあります。

「二兎を追う者は一兎をも得ず」ということわざがあります。これは二つのことを追うとどちらも手に入れられない、だから欲張ってはいけないという意味です。しかしこれは兎を探していたら突然目の前に二兎現れたという前提条件でのことわざです。このことわざ通りに考えると、「OR（オア）の抑圧」という力学に縛られてしまいます。

ORの抑圧とは、相反する二つのことを同時に手に入れることは不可能だとする理性的な考え方です。例えば、チームの規律を強めればルールを逸脱することは許さない。逆にルールを逸脱することをよしとすれば、規律も緩めてしまうといったことです。

会社組織で言えば、企業理念を徹底して教育する代わりに、社員の自主性を奪うということです。もしくは、社員の自主性を尊重する代わりに、会社の理念の徹底は諦めるという具合です。

コーチも同じです。相反する二つを手にする準備と努力をするのが魅力的な指導者の姿勢です。さまざまなことを二面から考えて、戦略を練ったり組織を作ったりする。優しい指導と厳しい指導で選手を引きつける。緻密な戦術と大胆なかけひきを使い分ける。すべて二兎を追う行為です。

この、一見相反していて両方を手に入れるのは難しいと思えることを、矛盾なく体現できることがＡＮＤの才能です。これが、一流の人物、一流の組織の特徴的な性質なのです。

4 規律と自主性の「ANDの才能」

コンクリートブロックで壁を作ろうとするときは、ブロックとブロックの間に「モルタル」と呼ばれる建築材料を使います。モルタルがなければただブロックが積み上がっているだけで壁にはならないのです。チームマネジメントピラミッドも同じです。各ブロック同士が影響しあうことで、より強固なものとなります。

チームマネジメントピラミッドを見てください。「規律」の上に「コンディショニング」があり、その上に「価値観」があります。

「価値観」の中には自主性などが含まれています。まさに、下のブロックである規律と上のブロックにある価値観の中の自主性はＡＮＤの才能です。この相反する二つのことを同時に手に入れることで、コンディショニングというブロックは高いレベルに昇華されます。毎日チームから食事の量や内容を決められているチームは、規律によってコンディショニングを強化されています。トレーニングなどのプログラムもチームでコントロールされたものに従っている場合がほとんどだと思います。

ところが、本質的には選手たちはアスリートに近づくためにも、自分自身で自主的に食事を考え、トレーニングを工夫していけることが重要です。つまり、選手としての価値観がしっかりしていくことで、コンディショニングのレベルを高めていくことができるのです。最初から高い意識で食事やトレーニングのことに取り組める選手は稀です。入り口は、チームの規律でも良いでしょう。大事なのは、規律から入って必要性や重要性を学び、いずれ規律が必要ではなくなることなのです。そしてチームはまた新しい段階の規律を持って、さらに高い次元の理念を体現する組織へと進化していくのです。

5 信頼と責任の上に技能の向上がある

これまで説明してきたように、選手自身が自分の成長に責任を持つという意識になると、選手が自主的に練習ができるようになります。練習の目的や意味をすべて説明しなくても、自分で考えて工夫して練習ができるようになります。またチームの中での自分の役割も自覚して、コーチの信頼に応えるためとか、チームメイトを助けるためという気持ちが芽生えてきます。

コーチに言われたことを言われた通りにこなすだけの選手には、コーチの枠を越えられません。成長には限界があります。自ら考えて練習する選手には枠がありませんから、最終的にもっと良い選手になれる可能性があるのです。たとえコーチが素晴らしい知識を持っていて、それを伝える手法を持っていたとしても、それをすべて選手に教えることはできません。なにより時間には限りがあるのです。

最終的に創造性にあふれ、個性的なプレーができるプレーヤーになれるかどうかは、だれかに教わったからではなく、本人次第なのです。コーチが「私が教えました」という段階にいるうちは、選手がそういうレベルに到達することはないでしょう。

コーチの役割は、チームを成長させること、選手一人ひとりの成長に貢献することです。いつまでも手取り足取り選手たちの面倒を見てあげることが本質的な役割ではありません。

選手たちが自立し、自己の成長に責任を持って自らスポーツに取り組んでいけるようにすること、それが強いチームを作るという意味でも、その選手の将来の成長のためにも、非常に大きな意味を持つのです。

CHAPTER 7

コンディショニング

準備の本質

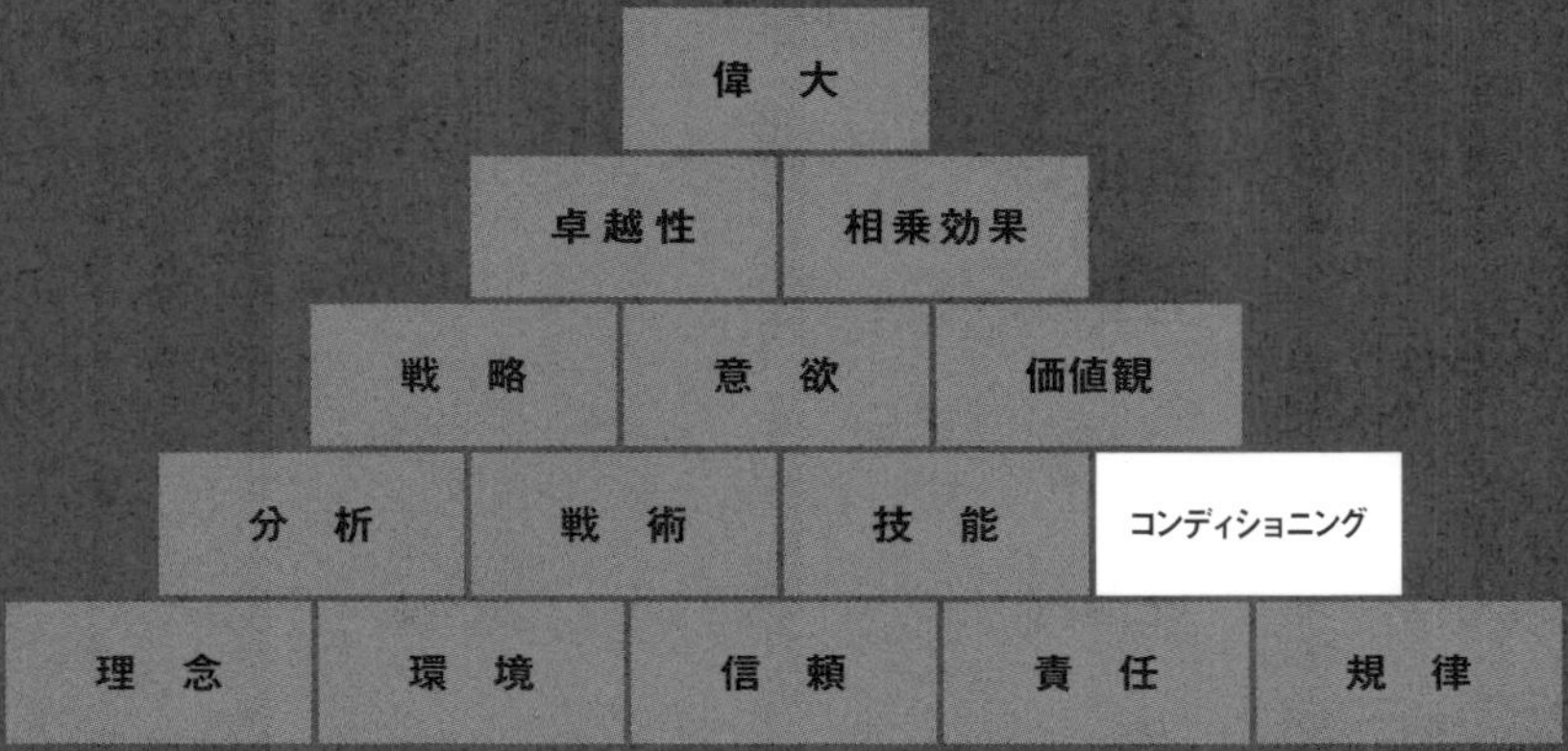

1 コンディションが技能のレベルを左右する

スポーツ選手にとって「コンディション」は切り離して考えられません。

コンディションといえば、体調管理のようなイメージが浮かぶかもしれませんが、ここでいうコンディションとは、主に体の状態と心の状態のことを指します。

なりうる最高の自分に近づくためには、毎日ベストを尽くして練習し続けるしか道はありません。毎日ベストを尽くし続けるためには、毎日のコンディションがベストである必要があります。準備に成功しない限り、最高の練習を毎日続けることはできないのです。

コンディションが整っていることで、練習で最高のパフォーマンスを発揮し、10の力を11に引き上げることができるのです。10の力があるにも関わらず、いつも7~8の力しか出さない選手は、10の力が11になることはないでしょう。自分のパフォーマンスを最大限に引き出すということは、10の力を持った選手が常に11に近づくようにチャレンジを続けることなのです。

今日手を抜いて80パーセントのパフォーマンスで練習したとして、明日頑張って120

パーセントで練習すれば取り返せるでしょうか？ 残念ながらそれはありません。人間は100パーセント以上は出せません。今日手を抜いてしまった20パーセントは一生取り返すことができない20パーセントなのです。だからこそ、コンディショニングが重要なのです。体が健康でなければ、毎日100パーセントの練習はできません。また、体が健康なだけでもだめで、心の状態も常にベストでなければなりません。もちろんそれは簡単なことではありません。しかし、心の天気もベストでいようとし続けている選手と、心の天気に振り回されてしまう選手ではまったく違う未来が待っています。

スポーツを通じて、自分の心のコンディションもコントロールできるようになれば、人生をコントロールすることができるようになります。コンディションの石を高い次元にするということは、心身ともに高いレベルの競技者へと成長するということです。

CHAPTER 7

2

試合に向けたコンディション

練習でどんなに良いプレーをしていても、試合でそれを発揮できなければ意味はありません。最終的には最高のコンディションで試合を迎え、最高のパフォーマンスを発揮するのが目的です。

試合のコンディションに影響するのが日々の練習で蓄積された疲労です。ジュニア期は回復力が高いため、高い強度の練習をしても翌日には残りにくく、疲労を感じにくいものです。それでも必ず蓄積されています。コーチは練習の強度と疲労の回復のバランスや、疲労とパフォーマンスの関係について理解を深めておいたほうが良いでしょう。

人体は疲労が蓄積されていく時期よりも、回復期に入ったときにパフォーマンスが上がることがわかっています。それを踏まえて、公式戦など大切な試合へ向けて、練習の強度を調整することができます。例えば週末に試合があるなら水、木曜日あたりに疲労のピークがくるようにして、金、土曜日に回復期に入らせるのです。これをピーキングと言います。

ただしジュニア期ということを考えると、ピーキングばかりに目を向けるのは問題があります。ピーキングを行えば行うほどスキルやフィジカルの練習を削ることになるからです。毎月の試合にピークを持っていくよりも日々の練習の強度を上げたままにして基礎能力を底上げしたほうが良いこともあります。これはコーチやチームの考え方によって違うでしょう。毎月の試合で結果を出すことをやりがいにするチームもあるでしょうし、1年で最大の大会で勝つことを目標にするチームもあるはずです。ただコーチがピーキングについて知っているのと、知らずに闇雲に練習だけをしているのとではまったく意味が違うことは確かです。

3 コンディションのための食事

コンディションを左右するものの一つに食事があります。コンディション全般に言えることですが、食事を専門的に勉強しようとすれば、さまざまなテーマ別に分厚い書籍が何冊もいるほど奥が深く複雑なものです。ここではバスケットボールのコーチとして最低限押さえておいたほうが良い部分を説明したいと思います。

ごはん、パン、麺などの糖質は、主にエネルギーになる栄養素です。これらの摂取量が少ないということは、ガソリンが少ない車と一緒です。バスケットボールは運動強度の高いスポーツなので、少ないガソリンでは十分に集中した強度の高い動きを継続することは難しいでしょう。

肉、魚、卵、豆、乳製品などのタンパク質は、筋肉や骨、内臓など体の部品になる栄養素です。タンパク質の摂取量が少ないということは、少ない部品で車を作ろうとしているわけですから、壊れにくくてスピードも出るような上質な車はできません。ケガしやすく、パワーもない、心肺機能も弱い体になってしまうのです。

野菜や果物からとれるビタミンやミネラルは、体の調子を整える栄養素です。土の中には亜鉛やマグネシウム、カリウム、ナトリウムといったさまざまなミネラルがあって、それが土の中で育つ野菜や、土から栄養を吸い上げた木から実る果実、またそれらを食べた動物の内臓には豊富に含まれています。それらの栄養素を体に摂り込むことで、骨や皮膚などを丈夫にしたり、風邪をひきにくくしたり、エネルギーの代謝を良くしたりという機能を果たします。

つまり、こういった土からなっている食物をあまり食べないということは、ケガしやすい体になる、病気に弱い体になるということです。それでは、毎日ベストを尽くす練習をし続けることはできません。

このように、毎日の練習でベストを尽くすためにも食事は重要なのです。ジャンクフードと言われる食べ物では、最高レベルの競争の世界を戦い抜くことはできません。特別な能力を持つアスリートであれば、粗末な食事でもある程度の結果を残せてしまうかもしれません。しかし、その選手があらゆることにベストを尽くせば、さらなるパフォーマンスが発揮できるはずなのです。

CHAPTER 7

4

精神的なコンディション

体のコンディションが整っていると良いプレーができるように、精神的なコンディションもパフォーマンスを大きく左右します。精神的に充実していてやる気に満ちあふれて試合をするのと、不安や悩みがある状態で試合をするのとではプレーの質はまったく違ってくるでしょう。しかし精神的なコンディションはコントロールするのが難しい面があります。だからといって最初からどうしようもないものだと思って諦めてしまうのと、自分の精神状態までコントロールしようとしている選手では成長に差が表れます。

自分の精神的なコンディションにまで気を使える選手はチームに対する責任について考えられている選手です。責任感のない選手は「やる気がないんだから仕方がない」と思ってしまうでしょう。目的意識や使命感が自分を鼓舞するような選手が成熟した選手です。この違いは本人の練習の成果となって表れ、ひいてはチームの士気や練習の効率にも影響するのです。

そしてもう一つ大事なコンディションの要素として「緊張」があります。緊張は人間以外の動物は感じないと言われています。なぜなら緊張とは、過去や未来を想像したときに感じるものだからです。動物には「いま」しかありません。目の前にいるうさぎを捕らえられるか、追ってくるライオンに捕まってしまうかにはまさに「いま」しかありません。しかし人間は「この試合に勝たないと次が苦しくなる」とか「前に勝った相手だから今度も勝たなければいけない」と考えます。この瞬間「勝てなかったらどうしよう」とか「ミスしたらどうしよう」と考えて、それが緊張となるのです。

このように状況を冷静に分析したときや、客観的に見たりしたときに緊張は起こります。このため理性的なタイプのほうが緊張しやすいと言われています。反対に野性的な人はあまり緊張しない傾向があります。ジュニア期では後者のほうが活躍することが多いようです。コーチは緊張しやすいタイプには動物的な感性を身につけさせるような工夫をしてあげるのが効果的です。いまできることだけに集中させて、未来や過去のことは考えないようにするのです。

一方で、ある程度の緊張感がないと良いパフォーマンスを発揮できないという側面もあります。緊張感がまったくないというのは「どうなってもいいや」と投げやりになっているというのと紙一重の違いなのです。緊張がない状態を目指すのではなくて、緊張感のコントロールの仕方を身につけられるのがベストだと思います。

5 病気に対する姿勢

一般的に、風邪をひいてしまったら仕方がないと考えがちです。特にインフルエンザが流行する冬に風邪にかかると、その人が運の悪かった被害者のようなニュアンスで同情されることもあります。このとき、チーム内に同情する雰囲気があると、かかった人は堂々と練習を休めます。

一方で風邪には絶対にかからないという意識で日常生活から気をつけている人もいます。風邪をひけばチームにも迷惑がかかるから、絶対にひいてはいけないと予防策を万全にしているのです。そういう人は流行し始めたら、普段以上に食事の栄養バランスに気をつけたり、電車内でマスクを着用したりします。後者のほうがコンディションに対する意識が高いことは明らかです。

また、風邪をひいているのに無理して練習に出ようとする人もいます。本人は「辛いのに自分は頑張っている」という満足感を得られるかもしれませんが、チームにとっては迷惑です。コンディションが悪い選手と一緒に練習をすれば効率は悪くなりますし、チームメイトに風邪がうつるリスクもあり、二重にマイナスです。
冬の乾燥する時期には流行する前から自己防衛ができる選手がいるチームは、コンディションに対する考えが成熟していると言えるでしょう。風邪は自分の意識の持ち方でずいぶん防げるものです。普段からバランスの良い食事を考えたり、果物などからビタミンを意識的に摂ったりします。特に冬場になると風邪が流行しますから、電車などの人混みでのマスク着用や、家に帰ったときの手洗いやうがいは当然行うべき予防策です。

他の人にうつらない病気なら練習には参加できます。自分がいなくて迷惑をかけていることを補うためにも、何かチームに貢献できることがないかを考える選手が責任感がある選手です。

同じ風邪をひいたとしても、自分の意識が低かったと反省するのと仕方がないと自分を肯定化するのとでは大きな違いです。偉大な組織の一員になるためには、責任というブロックをしっかりと積み上げ、高い次元でコンディションについてとらえる必要があるのです。

6 ケガに対する姿勢

大きなケガをしたら治るまで練習ができません。風邪をひかないように自己防衛するのと同じく、できる限りケガをしないように毎日を過ごすことが肝心です。

イチロー選手のケガに対する意識の高さを物語るこんなセリフがあります。「死球の影響はありません。そういう筋肉を普段から作っています」。並の選手なら「デッドボールは仕方がない」と考えるところです。しかしイチロー選手はそれすら自分が管理する領域だと考えているのです。世界最高の選手が集まるメジャー・リーグの中でもイチロー選手が飛び抜けて意識が高く、超一流であるゆえんです。このようにケガに対する姿勢は、選手がどこまで到達できるかを決定する要素だと思います。

それでもやはりケガをしてしまうことはあるでしょう。そこでも意識が問われます。ケガから何も学ばずに平気で「ケガをしたから休みます」と言う選手よりも、ケガの原因が自分の集中力不足や日常の準備不足にあったのではと反省する選手のほうが意識は高いのです。

コーチは選手にコーディネーショントレーニング（一巻第4章）を行わせれば、ケガを回避する能力を上げることができます。また「外傷」と「障害」についての最低限の知識は持っておいたほうが良いでしょう。外傷は一般的な骨折や捻挫などですが、障害は同じ部位に負荷をかけ続けることによる疲労骨折などです。年齢や体の発達に見合わないトレーニングを行ったり、一部の骨や関節に過度に負荷がかかる運動を繰り返したりするのは危険です。しかも障害は一度治ってもその障害が引き起こされた原因となる動き、運動が改善されていなければ再発する可能性が高いのです。選手の将来を左右することなので、指導者としても高い意識で学び続けなければならない分野です。また、選手としても自身の競技生活を長く充実したものにするために、自ら高い意識で学んでいくということが重要なのです。

7

練習を休むことに対する責任感

選手に責任感が伴ってくると、練習を休むことによってチームが被るマイナス面まで考えられるようになります。どうしても休まなければならないときにも、1日でも早く戻ってこなければならないという危機感すら感じるものです。ケガをしたのがチーム内のキーマンだとします。その選手がいれば質の高い練習ができるのに、その機会が失われます。またその選手がこれまで試合に出て得てきた経験は、見方を変えれば他の選手の経験を犠牲にしたものでもあるのです。ケガをしたから、風邪をひいたから、簡単に休みます、と考えるようではまだ意識が低いのです。

ケガの状態や程度によってはコートに来ることはできます。練習に参加しさえすれば何かしらチームに貢献する方法はあります。例えば足をケガしているのであれば、上半身のトレーニングはできます。手をケガしていても心肺機能を維持するトレーニングはできます。筋力や心肺機能を落とさないようにしておけば、復帰したときにすぐにコンディションを元に戻せます。まったく動けないとしても、声を出して練習を盛り上げることはできます。良いプレーは褒め、悪いプレーには檄を飛ばせば、チームの一員であるという意識を高め合うことができます。

たとえ突き指でも、医者にかかれば走ってはダメだと言うでしょう。医者の責任として練習してもいいとは言えません。しかし医者の言うことに甘んじて、組織に対する責任をまったく放棄してしまうのは、スポーツ選手としてベストであるとは言えません。医者はチームに与える損失まで考えて休めと言っているわけではありません。最終的に練習に参加するかどうかを決めるのは、ケガの程度と本人の意識の問題なのです。

CHAPTER 7

8

ケガしていてもできる練習

もし選手がケガをすれば、トレーナーや医者はケガが治るまで完全休養を勧めるでしょう。これはトレーナーや医者の責任だからです。私はコーチですから、コーチの責任として言うならば、ほとんどのケガは完全休養するべきではないと考えています。足をケガしたのなら上半身のトレーニングはできます。手をケガしたのなら心肺機能を落とさないトレーニングならできます。痛めた部分を使わないようにしながらできることはいくらでもあるのです。

まずはケガをしないようにベストを尽くすことが大切ですが、不覚にもケガをしてしまったら、それでもできることを考えて、ベストを尽くすべきです。もちろん痛んでいるところにさらに負荷をかけて悪化させてはいけません。それでは回復が長引くだけです。また慢性的な痛みがあるのに、それを隠して根性で乗り切れと言っているのではありません。

足首の軽い捻挫や人さし指の突き指でも医者にかかれば1週間休みなさいと言うでしょう。それは「回復を妨げるような運動を」1週間休みなさいと言われているのです。

もちろん、痛めたところにダメージがない運動だったとしても、完全休養のほうが回復が早い場合もあります。しかしその結果、心肺機能や技術的感覚を失う可能性は高まります。そのダメージと回復とを天秤にかけて考えなければならないのです。心肺機能は3日休むとガクッと落ちると言われています。その前に心肺機能を使わないと復帰した際に元のパフォーマンスに戻すまでに時間がかかってしまいます。

コンディショニングは責任の石の上にあります。

試合に向けての準備の責任、毎日の練習の質に貢献するという責任、自分の成長やパフォーマンスとチームへの貢献の両方に責任感を持てていれば、少々のケガで安易に完全休養は選べないのです。だからといって、チームに迷惑をかけまいと無理をすることで結果的に回復を長引かせることも無責任です。高い次元で、責任を全うしなければなりません。

9 学業とスポーツのバランス

私がイタリアのACミランに研修に行った際、スタッフの方にどんな選手がACミランのような超一流のチームに入れるのか聞いてみました。その答えは「超一流クラブの一員になるためには、あらゆることでトップレベルの能力を持っていなければなりません。サッカーはうまいけど協調性がないとか、サッカーはうまいけど頭は悪いという選手はゴマンといるのです。そういったレベルの選手は、トップ中のトップのクラブに入ることはできません」というものでした。

選手として「なりうる最高の自分になる」ということは、学業をないがしろにしないということです。バスケさえうまければいい、という発想では超一流クラブの一員のような、本物の競技者に近づけないのです。

アメリカのNCAA（全米大学体育協会）では学業に厳しい条件を課しています。ヨーロッパのクラブチームでも、育成年代では学校と連携して成績を厳しくチェックしているところがあります。あらゆることで、自分がなりうる最高の自分に近づくこと、これが競技力を高めていくことに必ずつながるのです。

テスト期間だから練習を休みますというのではなく、テスト期間でも練習を休まなくて良いような勉強の仕方をするとか、そういった期間にも自主練習ができるような勉強の仕方、練習の仕方を考えていくような選手が、自分自身を最高の競技者へと磨いていけるでしょう。

10 PとPCのバランス

パフォーマンス（P）とは毎日練習し続けたり、試合で活躍したりすること。パフォーマンスキャパビリティ（PC）とはパフォーマンスを発揮するための資源になるものです。両者はバランス良く高めていかなければなりません。

朝、昼、晩にバランスの良い食事をしっかりとったり、毎日ストレッチを行ったりすればパフォーマンスキャパビリティが維持でき、その結果良いパフォーマンスが発揮できます。もっとパフォーマンスを上げたいと思ったら、食事の量を増やしたり、ストレッチの質を上げたりして、パフォーマンスキャパビリティを高めます。パフォーマンスキャパビリティが向上すると、相対的にパフォーマンスも高めていくことができます。

工場に例えるなら、パフォーマンスは工場で製品を作る能力、パフォーマンスキャパビリティは機械のメンテナンスということになるでしょう。機械のメンテナンスをしないで製品を作り続けていれば故障します。機械が故障しないようにと、メンテナンスばかりしていると費用がかさみ生産性は下がります。

さらに別の例を挙げると、パフォーマンスは卵、パフォーマンスキャパビリティはガチョウと言うこともできます。より多くの卵を手にしたければガチョウのケアは欠かせないのです。とはいえ、ケアにばかり時間をとられ、卵をないがしろにしては意味がありません。バランスを考えなければなりません。

バスケットボールに置き換えると、軽い突き指で完全休養するような選手は、パフォーマンスキャパビリティに気を使いすぎていると言えます。反対に慢性的な痛みがあるのに、無理して練習し続けるのはパフォーマンスに偏りすぎています。特に精神力や責任感がある選手はパフォーマンスに寄る傾向がありますから、ときにはブレーキをかけてあげることも必要です。

逆に、簡単に休みがちな選手にはもっとパフォーマンスに対する責任感を植えつけないといけません。これらはバランスの中に成果があります。高い次元でバランスがとれるように選手育成を進めていく必要があるのです。

CHAPTER 8

価値観
個人として持つべき考え方

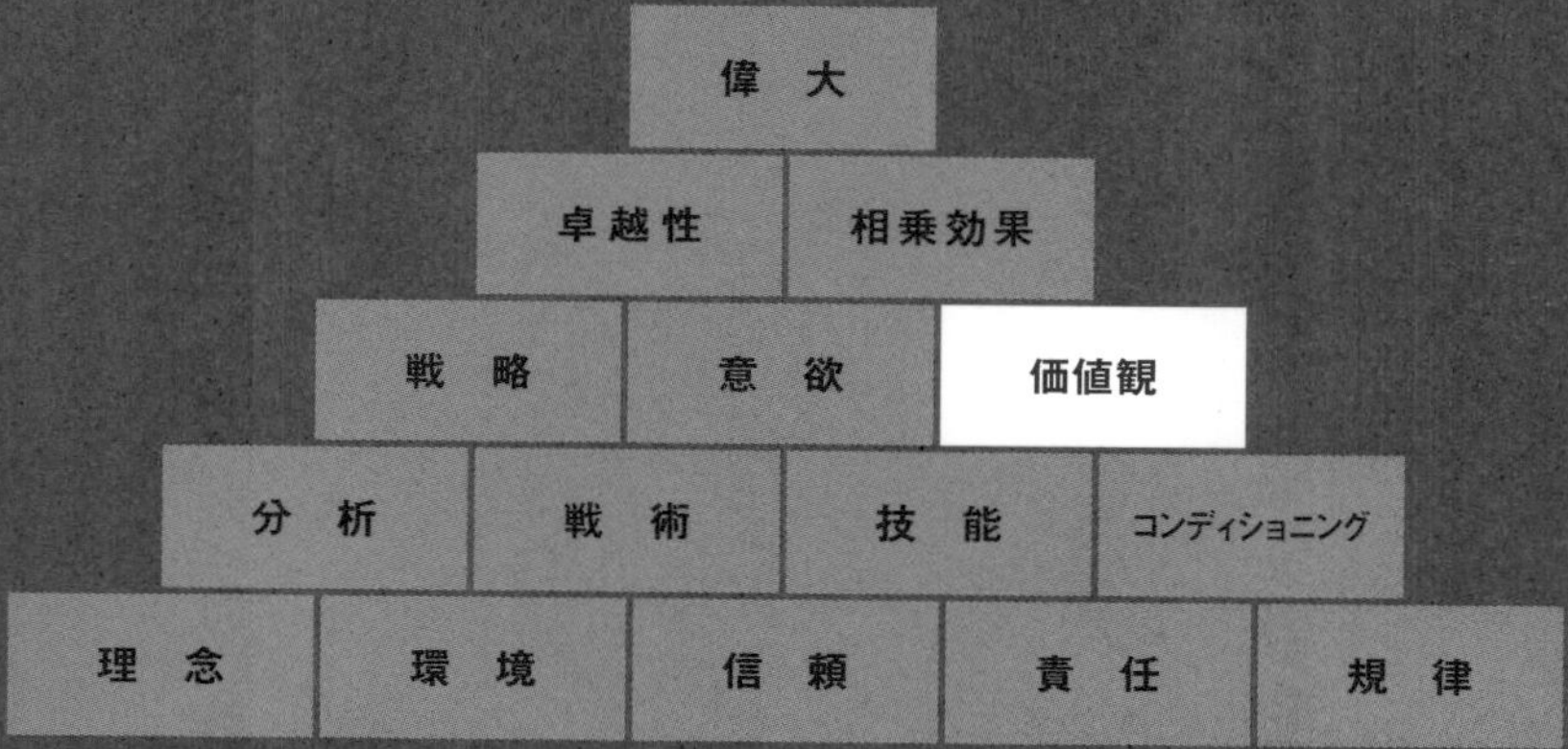

CHAPTER 8

1

選手の持つ価値観は成長にどう影響するか

「魔女のような老婆」にも「後ろ向きの女性」にも見える有名なだまし絵があります。この絵のように、視点を変えたり、着眼点をずらしたりすると同じ物事がまったく違って見えることがあります。私はバスケットボールの練習はこのような一枚のだまし絵のようなものだと考えています。同じ練習なのに考え方によってまったく違ったものになるのです。選手が日々の練習をどのように考えて、どのように取り組むかによって、1年後、3年後の結果が変わるのです。

練習への取り組み方が変われば行動の質が変わります。そして行動の質が変われば、最終的には選手の質まで変えていくのです。

中学生や高校生なら2年後、3年後が選手として区切りとなるときだと思います。そのときまでになりたかったと思い描いていたような選手になれるか、平凡な選手で終わるかを決める最初の分岐点は、まさに今日の練習に対する取り組み方や考え方です。それは自分がスポーツ選手として持っている価値観とも言えます。この価値観こそが練習をどのように捉えるかということになるのです。

ヒンズー教の教えの中に「心が変われば態度が変わる。態度が変われば行動が変わる。行動が変われば習慣が変わる。習慣が変われば人格が変わる。人格が変われば運命が変わる。運命が変われば人生が変わる」という言葉があります。

バスケットボールで活躍できるかどうかは、その人が持っている人生観までもが関わってくるものです。自分がどんな選手になりたいかという内面的な価値観、他者に対して一緒にやりたいと思わせるだけの人間的価値観。両面が備わっていて初めて偉大な競技者への道が拓けるのです。

2 練習メニューが選手をうまくするのではない

イチや選手は練習メニューに高い関心を持っています。しかし練習メニューが選手をうまくするのではありません。どんな練習でも、それにどのように取り組むかが選手の成長を決めるのです。

イチロー選手には、子どもの頃にたくさんのチームメイトがいました。中学でも高校でも一緒に練習していたメンバーがいました。彼らはイチロー選手と同じ練習をしていたはずです。もし練習メニューが選手を育てるのであれば、全員がイチロー選手になっているはずです。しかしイチローになれたのはイチロー選手だけ。同じ練習をしているのに、イチロー選手のようなスーパースターになれる選手と、それ以外に分かれたのです。これこそが練習メニューが選手をうまくするのではないという証拠です。

目の前にある練習に対しどのように工夫するか、どのような心構えで取り組むか。全力でやることもできますし、もちろん手を抜くことさえもできます。言われたことだけをやる選手もいれば、言われたこと以上をやる選手もいます。すべては選手次第。取り組み方こそが選手の成長を決めます。

しかし多くの選手は「練習メニューが良ければ自分はうまくなれる」とか、「良いコーチがいればもっとうまくなれる」と思いがちです。そこまでではなくても「もっと良い練習メニューはないか」「強豪校はどんな練習をしているのだろう」と考えます。もしそう思っているとしたら、まずはその価値観から変えていかないといけません。強豪校の練習メニューをそのまま持ってきて練習すれば強くなれると思うのは大きな勘違いです。まずは自分次第でどんな練習メニューでも価値のあるものになるということに気づかなければなりません。練習メニューにうまくしてもらうのではなく、自らがうまくなるんだと思うことから始めなければなりません。

3 考え方が行動を決める

ヒンズー教の教えに「態度が変われば行動が変わる」という一文がありました（125ページ）。具体的に「行動が変わる」ときとはどんなときでしょうか。それは老婆に見えていた絵が、女性に変わったとき、まさに自分の考え方や物事の見方が変わったときです。

こんな例え話があります。巨大な軍艦が海を進んでいました。艦長も船員も他の船のことは気にせずに我が物顔で海をまっすぐに進んでいきます。すると前方に小さな船らしき明かりが見えました。このままの進路を取ればぶつかります。しかし小さな船は進路を変えようとしません。そこで艦長は無線で前方の船に「進路を変えなさい」と指示を出します。すると相手からは「そちらが進路を変更しなさい」という予想外の返答がありました。艦長は小さな船の艦長よりも自分のほうが階級が上だというプライドがあります。高圧的な態度でもう一度進路を変えるように指示を出しました。すると相手から「こちらは灯台だ」と返事が返ってきました。艦長は進路を変えるしかありませんでした。

艦長は、前方の明かりは船の明かりだと思い込んでいました。その考え方が変わらない以上、自分の行動を変えることはありませんでした。ところが、相手は動くことができない灯台だとわかった瞬間、自分の行動を変えます。相手に進路を変えろと言っていた艦長が、「自分が進路を変えよう」と行動を変えたのは、明かりに対する物事の見方が変わったからです。

この教訓から学べることは二つです。一つは、考え方や物事の捉え方が変われば行動も変わるということです。逆に言えば、行動が変わらないのは考え方の質が変わっていないからです。二つ目は、原則に従うということです。灯台が動けないということは原則的な条件です。ここで、相手が灯台だろうが関係ない！　と意固地になって自分の行動を変えなかったら、この軍艦は座礁してしまいます。スポーツ選手として、破ってはいけない原則的なものは何か、それを見抜くことが重要なのです。

CHAPTER 8

4 記号の世界の戦い

「記号論」という考え方があります。いわば人間の言語が記号です。人間は共通の言語を使いこなしてお互いのコミュニケーションを容易にしています。言語がお互いの共通認識としてあるから、瞬時にお互いの考えていることが伝わります。例えばだれかが「コップ」と言えば、それを聞いた人はすぐに「コップ」をイメージできます。もし「コップ」という名前がなければ形状や特徴や使用法などを細かく説明しなければなりません。「透明な薄いガラスでできている液体を入れるための容器」という具合です。つまり「コップ」が記号として機能しているのです。

「強豪校」というのもある種の記号と言えます。校名やユニフォームや選手の顔などが記号として働き、「〇〇校」＝優勝候補、といった具合に関連づけてイメージするのです。

これがマイナスに働くと強豪校と対戦することが決まった瞬間から名前負けします。これを「記号の世界で負けている」と言います。もしかすると純粋に実力だけを比較すれば、接戦になるくらいの差しかないのに、戦う前から気持ちが後ろ向きになってしまうのです。

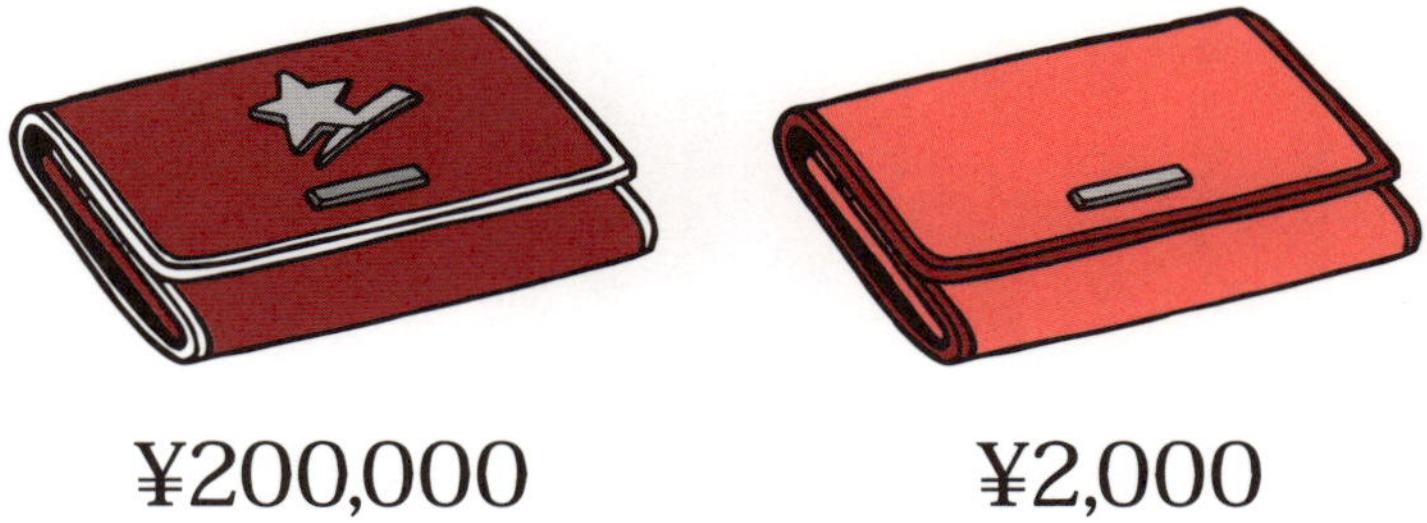

口では「絶対に勝つ」と言っていても、相手が開始直後にちょっと良いプレーをするだけで「もうだめだ」となってしまうこともあるでしょう。

まずは自分を磨き続けたという自信を持って、自分の力を信じること。そして相手の記号には惑わされないで、自分の持っている実力を出し切ることが大事なのです。高級ブランドのロゴがついた財布も、ロゴがなければただの財布です。スポーツの勝負は、ロゴがついた価値で戦うのではなく、ロゴが外れた中身の勝負であることを忘れてはなりません。

CHAPTER 8

5

原則を破ってはならない

あらゆる物事には原則があります。バスケットボールにも原則があります。原則を理解し、原則に反しないことが大切です。

「高いところから飛べば、落ちる」と言えば、何を当たり前のことを言っているんだと思うかもしれません。「俺には重力は効かない！」と叫んで高いところから飛び降りれば、大ケガをするのは当たり前です。原則に反すれば、思うような結果が得られないどころか、大きな失敗や問題に直面することになるのです。しかし当たり前と思えるほどの原則が、バスケットボールになると意識されなくなることがあります。当たり前のことだからこそ、あえて一度確認してみましょう。

例えば、「努力するから成長できる」、もしくは「努力しなければ成長しない」というのは絶対的な原則です。バスケットボールがうまくなりたければ一生懸命に練習しなければなりません。テレビを見ながら「バスケットボールがうまくなりたいなぁ」と考えているだけでうまくなることはないのです。

原則はあまりにも当たり前すぎて意識しなくなります。意識されないため、いつの間にか原則に反することをしていることもあります。例えば毎日練習することが当たり前になりすぎると、それが単なる日課のようになってしまうのです。昨日と同じような今日を過ごすだけになり、「毎日最高の自分を目指す」「今日は昨日よりも良い練習をする」ということがあいまいになってしまうのです。

成長の原則、人間関係の原則、チームワークの原則、さまざまな側面で当たり前すぎて忘れられている原則的な側面が存在します。偉大な競技者への登り道を転げ落ちないためには、原則に改めて焦点を当てて、原則中心の競技人生にしていくことが重要なのです。

つまり、成長とは日々の努力の積み重ねによって手に入るという原則を破らないということです。毎日毎日を最高の1日にする。これを続けることが成長への道です。人は楽なほうに流されてしまうものです。下り坂の楽なほうを選べば、頂上には登れないのは原則なのです。

CHAPTER 8

6

農場の法則

農場で作物を育てるときには手順があります。まずは土を耕します。次に種をまきます。そして手入れをします。最後に収穫します。この順番を入れ替えることはできません。土を耕す前に種をまいても芽は出ません。種をまく前に手入れをしたり、収穫したりすることなどできるはずがありません。また作業を抜くこともできません。せっかく芽が出ても、雑草を取ってあげなければ栄養や日光を奪われてしまいます。水をあげなければ枯れてしまいます。手順を入れ替えたり、作業を抜いたりしてしまったら期待通りの収穫は得られません。これを「農場の法則」と言います。

これがスポーツにもそのまま当てはまります。農場で言うところの「収穫」が「公式戦で高いパフォーマンスを発揮すること」でしょう。だとすると「手入れ」が「日々の練習」。そして「種をまく」のが「技術を知る」ということになります。「耕す」に該当するのが「PとPCのバランス」（120ページ）を考えながら、日々の練習に全力で取り組める体制を整えておくことです。どれかが欠けてもいけないし、どれかの手順が入れ替わってもう

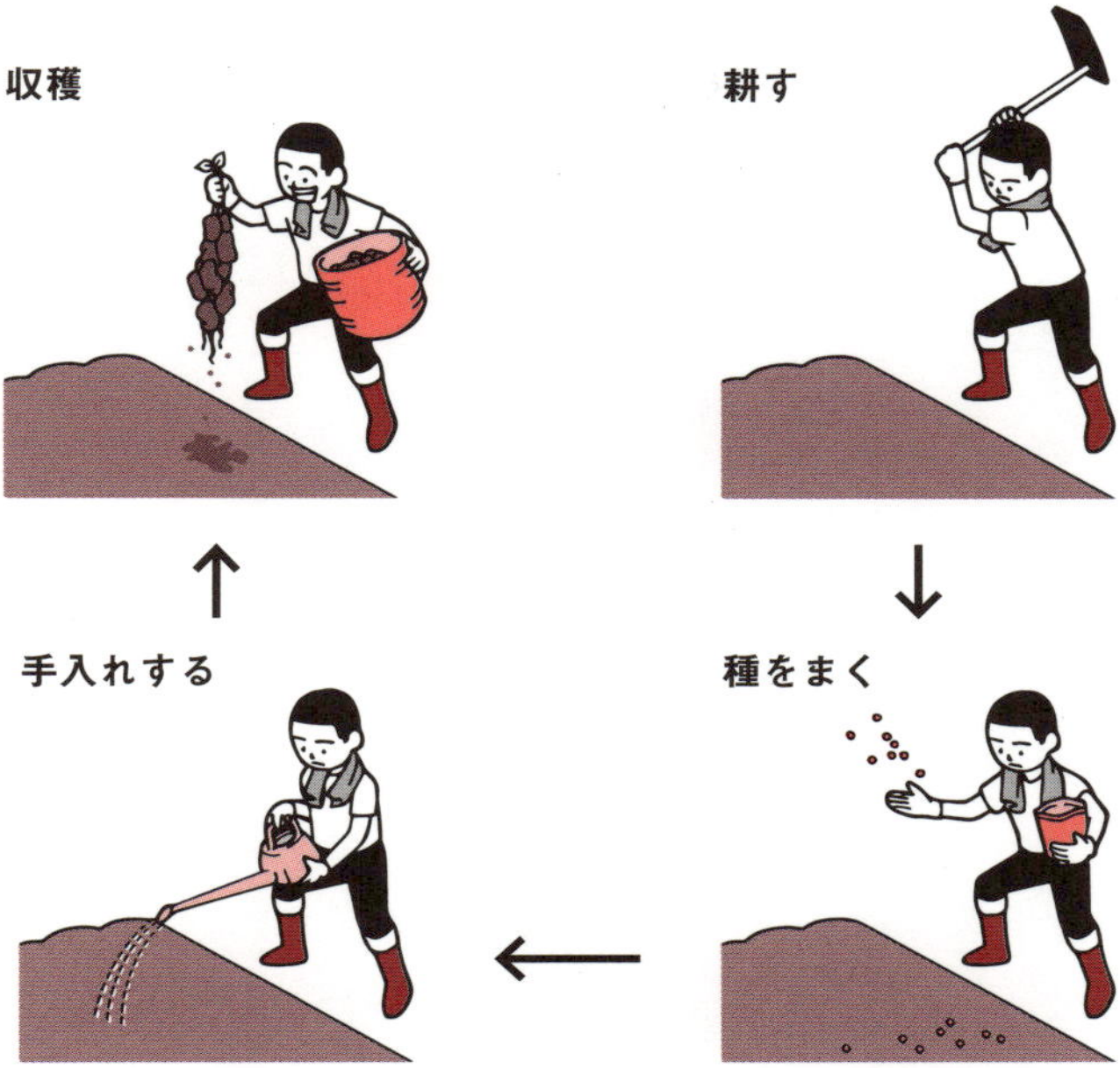

まくいかないことが明らかです。コーチは「農場の法則」を理解し、選手たちが育つうえでどこか抜け落ちているものがないか、質が低い部分はないか、見抜かなければなりません。

またスポーツの特徴として、「手入れ」の段階がもっとも時間がかかります。コーチは収穫を焦ってはいけません。すぐに結果が出ないからといって途中で諦めないことが肝心です。コーチも選手も「手入れ」の段階に注意して、練習法や指導法を工夫していくことが求められます。

7

サーカスの象

サーカスで調教されている象は小屋で鎖につながれます。最初は自由に動きたいと思い暴れるはずです。しかし鎖につながれているのですから逃げられません。毎日毎日、調教が終わると鎖につながれます。そのうち象は動けるのは調教をしているときだけで、それが終わると動けないのだとわかります。そうすると調教が終わって鎖につながれるともう暴れなくなります。そうやっておとなしくなった象は鎖ではなく、ただの縄で縛ってももう暴れなくなるものです。縄なら象の力があれば簡単に引きちぎれるのに、足につながれている輪を鎖と思い込み、もう逃げられないと諦めてしまうのです。

バスケットボールでも同じような気持ちが働くことがあります。以前大差で負けたチームには、その後もずっとうまくいかなかったり、一度二軍のレッテルを貼られたら、ずっと自分でそのレッテルを剥がすことができなかったりするのです。実際は、そこから努力を続けていまの実力は相手よりも上になっているかもしれません。そういったことを帳消しにして、勝手な思い込みで壁を作ってしまっているのです。そういう状態を「サーカスの象」と言います。

我々は象ではなく人間です。本当につながれているのは鎖でしょうか。足元の鎖をもう一度引きちぎろうというチャレンジをしてみなければなりません。鎖だと思っていたものは、いつの間にか縄になっているかもしれません。サーカスの象にならないためにも、失敗を恐れないチャレンジというのが重要なのです。失敗を恐れる選手は、鎖を引きちぎろうとしません。鎖は縄になっているかもしれないのにです。

確かに、チャレンジしてみたもののやっぱり鎖は鎖のままで、何度も痛い思いをするかもしれません。それでも、諦めずにチャレンジを続けた者だけが、鎖を縄にする瞬間を味わえるのです。

8

「あなたが」と「わたしが」

人の思考傾向は2タイプに分けられると言われます。一つ目は「あなたが」と考える人、二つ目は「わたしが」と考える人です。

「あなたが」タイプの人の思考は「あなたがこうだから、わたしはこうなった」「あなたがこう言うから、わたしはこうした」という思考回路を持っているのが特徴です。つまり自分の周りで起こる出来事や自分がしたことの結果をすべて「あなたの影響」と考えます。もう一方の「わたしが」の人は「わたしがこう考えてこうした」「わたしがこう考えてこうなった」と考えます。何事も自分の責任と考えられる人と言えます。

バスケットボール選手にとって二つのタイプの違いが選手の成長の大きな差となって表れます。「あなたが」タイプの選手は自分のシュートが入らなかったときに「あなたのパスが悪いから」とか「あなたの教え方が悪いから」と考えがちです。反対に「わたしが」の人は、たとえパスが悪かったとしても「自分が工夫すれば入る」とか、教え方や練習メニューよりも「自分がどうやって工夫をするかだ」と考えます。相手の良い悪いではなく、自分の工夫次第と考えるのです。

もうわかると思いますが、もちろん後者のタイプのほうが選手として成長する素質があります。この二つの価値観の違いは選手として成長するかしないかを決定づけるほど根幹となる違いです。言いかえれば、選手の成長を左右するほどの原則なのです。

もし「あなたが」タイプの選手がいるなら、その思考を「わたしが」のタイプに変えていくこともコーチの役割です。変えるならできるだけ早い段階のほうが良いと思います。「わたしが」の思考になれるかどうかは、その選手のその後の成長を大きく左右するからです。

CHAPTER 8

9

成長の原則

人間は「赤ちゃん」から「子ども」そして「大人」という順に成長します。これは原則です。「農場の法則」と同じように、順序は絶対に入れ替えることはできません。途中を抜いて成長することもありません。

「赤ちゃん」はすべてが依存状態にあります。自分では何もできません。何かしたいと思ったらそれを親に知らせるために泣くだけ。食事を用意してもらって食べさせてもらい、おむつを取り替えることも、散歩に行くこともできません。すべてだれかに依存しています。

次の段階が「子ども」です。依存から自立へと成長します。自分で食事もできるし、トイレにも行けます。人の手を借りずに多くのことを行うことができるようになります。

その次が「大人」です。自立から相互依存という状態になります。我々は自分の仕事でだれかに貢献しながら、他者からの貢献を受け取ってより質の高い生活を営んでいます。自分で家も建てて、洋服も作り、作物を育てて……という人は珍しいはずです。大人はお互いが相互依存することで、自分1人ですべてをやるよりもはるかに質の高い生活ができているのです。

この成長の原則は、スポーツ選手にも当てはまります。まずは選手としても依存から始まります。教えてもらわないとうまくなれない。「あなたが」という価値観です。ここから、徐々に自立していくことで「わたしが」と考えられるようになります。自立の段階です。そして、自立した選手がたくさん集まってチームになると、「私たちが」という相互依存、相乗効果のチームワークへと成長できるのです。

ここで大事なことは、だれしもが赤ちゃんだったように、スポーツ選手も最初は依存状態になっていることがほとんどだということです。それは自然なことなのです。ただし、いつまでも「あなたが」という考え方ではいけないのです。体は自然と赤ちゃんから子どもに成長しますが、精神的な成長は時間とともに自然には起きません。人によっては大人になっても精神的には「依存」状態から抜け出せていないこともあります。まずは、スポーツ選手として成長するためにも精神的に「自立」し、人のせいにしない選手、自ら工夫し成長する選手になることが重要です。

そのうえで、「私たちが」というチームワークを目指します。「あなたが」という依存した選手が多いチームは「私たちが」にはなれません。それは、成長の原則なのです。

10 習慣が選手を作る

常日頃から高い意識を持って行動していると、いつの間にか一つひとつ考えなくても自然にそのように行動できるようになります。これが習慣というものです。ヒンズー教の教えの「行動が変われば習慣が変わる」という格言もこの真理をずばりと言い当てています（125ページ）。

日々の行動は1本の細い糸です。毎日その行動を繰り返すのは細い糸を1本ずつ編んでいくようなもの。1本1本は細くて引っ張ればすぐに切れてしまいます。最初はとても弱いものです。まだほとんど変化はありません。しかし毎日毎日繰り返し結っていくと、どんどん太い糸になり、やがてそれは太くて強い縄になります。この太い縄が習慣です。

もし日々を「あなたが」のような判断基準で行動していたら、いつの間にか言い訳がうまい人になるでしょう。反対に「わたしが」なら自立していて、自主性と責任感の強い人になるはずです。

悪い行動は早い段階で改善することが大切です。細い糸のうちは簡単に切れますが、太い縄になってしまったらそれを断ち切るのは困難です。しかし細いうちは、本人も周りも見逃したり気づかなかったりするので注意が必要です。1年後、2年後に気づいたときには習慣化しているために大きな問題になるかもしれません。反対に良い行動や価値観を身につけるのも早いに越したことはありません。改善が早いほど良い習慣の縄が強く太くなるのです。

家庭での会話も習慣になります。子どもが悩んでいるときに、両親がコーチやチームメイトのせいにすれば、それが子どもの思考の基準になります。保護者の方の考え方、価値観はかなり色濃く子どもたちに反映されます。子どもたちは身近な大人を手本にして道徳心を学びます。保護者の方は、子どもたちの道徳心に対して責任を逃れることは難しいのです。習慣が人生を作ります。習慣に振り回される人生ではなく、スポーツを通じて習慣を使いこなせる人生を目指しましょう。

11

自分が変えられるものに集中する

物事は「自分で変えられるもの」と「自分では変えられないもの」に分けられます。例えば、子どもたちにとって自分のお小遣いがいくらかは、非常に関心があることです。お小遣いの金額は親が決めます。子どもたちにとって、これは「自分では変えられないもの」です。そうなると、「自分で変えられるもの」はそのお小遣いをどう使うか、ということになります。

しかし、親がお小遣いをもっと増やしてあげたいと思うように行動することもできます。家のお手伝いをしたり、勉強を頑張ったりすることで、お小遣いの値上げ交渉に成功するかもしれません。つまり、「自分では変えられない」と思っていたものの中には、実は「自分で変えられる」側面が隠れていることもあります。昼食の献立を考えたとき、それが学校給食なら自分では変えられないものということになりますし、自分で買って食べるなら自分で変えられるものになります。

スポーツ選手は、自分が変えられるものに目を向けることが大切です。自分の努力や工夫で変えられないことに悩んだり、戸惑ったりすることも多いと思います。スポーツは自分がコントロールできること以外の要素も大いに勝敗に影響してきます。相手チームの好不調、チームメイトにどういった選手が集まるか、そのチームメイトの調子や意欲、体育館を使える日数や機材といった練習環境などなど、自分がコントロールできないものをあげていけばきりがありません。

それよりも自分が変えられる部分に目を向けて、それに対して積極的に取り組んでいくことが重要です。練習メニューをコーチが決めるのなら、「自分では変えられないもの」に分類できます。メニューについてあれこれと考えても仕方ありません。その練習をどうやってやるかに関心を持ったほうが良いのです。自分では変えられないものにばかり目がいくと、うまくいかないときに「練習メニューが悪い」という思考に陥ってしまうでしょう。「あなたが」になりやすい人は、自分には変えられない部分に注目しがちです。「わたしが」と考えられる人は、自分が変えられる部分に注目しています。「あなたが」から「わたしが」へと成長する第一歩は、自分が変えられる部分に集中することです。

CHAPTER 8

12

チームワークを左右する太陽の価値観

暖かい日差しの降り注ぐ公園で日向ぼっこをしていて、太陽の光を独り占めしようと思う人はいないでしょう。隣の人に光を奪われていると考える人もいません。隣にいる人がどれだけ日光を浴びたからといって、自分に降り注ぐ日光はまったく減らないのです。このような思考を「豊かさマインド」と言います。

しかし、例えばケーキだったらどうでしょう。隣の人がたくさん食べれば確実に残りが減ります。人数で割り切れなければたくさん食べた人と少ない人がでるため、損得まで考えてしまうでしょう。これを「欠乏マインド」と言います。

欠乏マインドを持った人は、チームメイトが試合に出場すると「自分のチャンスが減った」と考えます。また他人の成功を自分の失敗と捉えます。一方で豊かさマインドを持っていると、他人の活躍を自分のことのように喜ぶことができます。

バスケットボールは一度に試合に出場できるのは5人だけです。これまでベンチにいた選手が出場機会を得ると「誰々が出番を奪った」と考えやすいのです。ライバル同士がケ

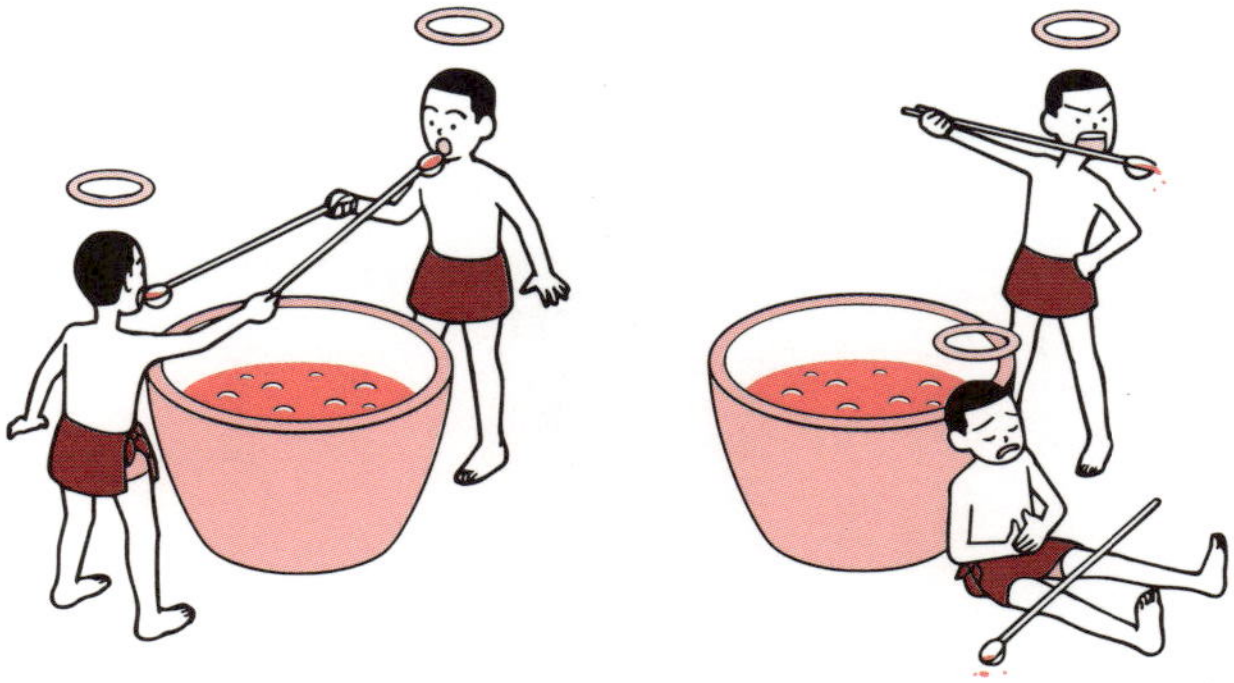

別の例を挙げるとすれば、「天国の箸と地獄の箸」があります。どちらも長い箸で食事をするのですが、天国ではお互いに食べさせあい（豊かさマインド）、地獄では自分さえ食べられればいいからと欲張るのです（欠乏マインド）。食べさせあえば火傷をすることもこぼすこともありません。

ーキを取り合うような気持ちになり、やがて全員でケーキを奪い合うようになります。そして最終的には「あいつがケガをすればいい」とか「試合でミスすればいい」というところまで行きついてしまうでしょう。そうなると組織として同じ目的へ向かって協力しあうことはできません。

そうならないため、コーチは選手を豊かさマインドへ導くようにします。

だれかが試合に出られなくなり、新しい選手が試合の出番を増やすということは、チームとしてはボトムアップされているということです。出ていた選手が落ちたのではなく、今まで出ていなかった選手が上がったのです。出られなくなった選手が、自分ももっと頑張ろうと思えるように、試合の出番という側面を捉えなければならないのです。

13 子どもたちに目的意識を持たせる

組織の強さはどれだけ「理念」が浸透しているかにかかっています。組織に関わる人間が「目的意識」を持って行動できていれば、常に理念を意識することになります。つまり、目的意識を持たせることに成功しない限り、理念の浸透は無いとも言えるのです。ここに何をしに来ているのか、これはなんのための練習なのか、それを考えられる選手たちでなければ、偉大な競争力を持つチームになることは難しいのです。

そのことを選手たちにわかりやすく伝える方法として、旅行の準備があります。明日から旅行に行くから準備をしよう、と言われたときに何を準備しようとするでしょうか？着替えやお金、食料、浮き輪？バスケットボール？選手たちに質問するといろいろな答えが返って来ます。

しかし、最終的に行き先は「エベレスト登山」でした、と伝えます。すると、準備したものがまったくの的外れであることがわかります。つまり、目的地もわからずに準備をすれば、準備に失敗するということです。バスケットボールにおける目的地とは、試合や大会です。準備は練習です。試合という目的地を意識しない練習は、エベレストに浮き輪を持って行くような準備になるかもしれないのです。

設計図を作らずに家を建てればどうなるか、レシピを見ずに初めての料理をしたらどうなるか。「準備をしそこなうことは、しそこなう準備をすることだ」とジョン・ウッデンコーチは名言を残しました。準備に失敗するということは、失敗するための準備のようなものです。我々は、準備に成功しなければなりません。そのためにも、この準備はなんのために行うのかという明確な目的意識が必要なのです。

14 これはなんのための練習か

コーチには明確な目的がなければなりません。目的のない練習をやらせるコーチは無責任です。

コーチが練習メニューを決めるときにポイントになるのは、「こういうことをやりたい」とか「こういうミスをなくしたい」という前提です。それがあるから「この練習をする」という答えが出るのです。

例えば、試合でターンオーバーが多かった→それはドリブルのミスが多かったから→ミスの場面を想定したドリブル練習が必要だ、となるのです。ミスの内容によって練習の内容は変わります。単純なキャッチミスとドリブルのスキル不足では、やるべき練習は変わって当然です。

この部分については「分析」の石ともつながる部分です。分析に関する詳しいことは第四巻で紹介します。

ここで大事なことは、選手たちに目的意識を持たせることです。そのためにも、指導者が目的意識を持って練習メニューを組み立てている必要があります。その目的意識は、何もすべて練習時に説明されていなくても構いません。指導者が考えている目的を、選手が想像できるようになることも重要なことだからです。

ただし、自分に目的意識がないことを棚に上げて、選手が考えることが大事だと言って責任から逃げてしまってはいけません。目的を持って準備にベストを尽くすこと、そして選手が目的意識を持って取り組むように導くこと、この両面で成功することが重要なのです。

15 なんのためにスポーツをしているのか

試合に出られない選手は「自分は一生懸命練習しているのだから、もっと試合に使ってほしい」と思うでしょう。スポーツ選手にとって、これは当然の欲求です。練習したことを試合で発揮できなければ、苦しい練習を頑張ろうというモチベーションは保てません。しかしそういう選手にはもう一度バスケットボールをやることの原点や「チームになんのために入ったのか」を問い直してみてください。

スポーツチームに入ったのは試合に出ることだけが目的だったのではないはずです。もっと大局的な視点で見ると、スポーツの本質的な目的は人生を豊かにすることです。たとえ全国大会で優勝したメンバーだったとしても、その後の人生を前向きに生きられなければ残念としか言えません。バスケットボールは人生の中のほんの一部分なのです。

試合に出さえすれば人間として何も成長しなくて良いというのではスポーツの根源的な意義を失ってしまいます。試合に出られないからといって人間的な成長の機会を失うことはありません。むしろ前向きに考えて、その状況をどのように打開していくかを考えることができれば成長につながることもあるのです。

特に子どもの両親は、最大の応援者であるがゆえに我が子が試合に出ることが目標になってしまいがちです。子どもがスポーツをやる意味をもう一度考え直してみてください。子どもが「試合に出られない」と悩んでいるのなら、それを成長の機会だと捉えられるように導くことが重要です。試合に出ることがすべてというような価値観を子どもと共有してしまっては、「あなたが」という価値観（138ページ）を助長したり、欠乏マインド（146ページ）に陥りやすい教育をしてしまっているかもしれないのです。

目的意識を持つことの重要性を話してきましたが、練習メニューの目的を考えるというような側面だけでなく、もっと大きな枠組みで、スポーツをすることそのものの目的意識を考えることも重要なのです。指導者は選手たちにそれを伝えるのみならず、各ご家庭と一緒に考えていくことも重要なことだと思います。

16

大事なことを優先できる選手に育てる

目的意識を持って、自立した行動がとれる選手に育てば、大事なことを優先することができるようになります。うまくなるのは自分次第だと考えられれば、コートで関係のない話をしたり、練習と練習の間をダラダラと移動したりという無駄な時間をなくそうとするはずです。また練習には常に準備を整えて取り組むようになります。

物事は縦軸に「大事なこと」と「大事ではないこと」、横軸に「緊急なこと」と「緊急ではないこと」として4つに分類できます。「緊急で大事なこと」とは、例えばチームの練習です。「緊急ではない大事なこと」はバスケットボールの自主練習です。自主練習はチーム練習と違って時間が決まっていないため緊急にはなりません。

緊急なものはだれでも優先することができます。バスケットボールで成果を出したければ、緊急でないけれど大事なことに時間を使うことが大切です。自主練習はいつまでたっても「緊急なこと」にはなりませんから「今やらなければならないこと」にはならず、動き出すのにエネルギーが必要です。

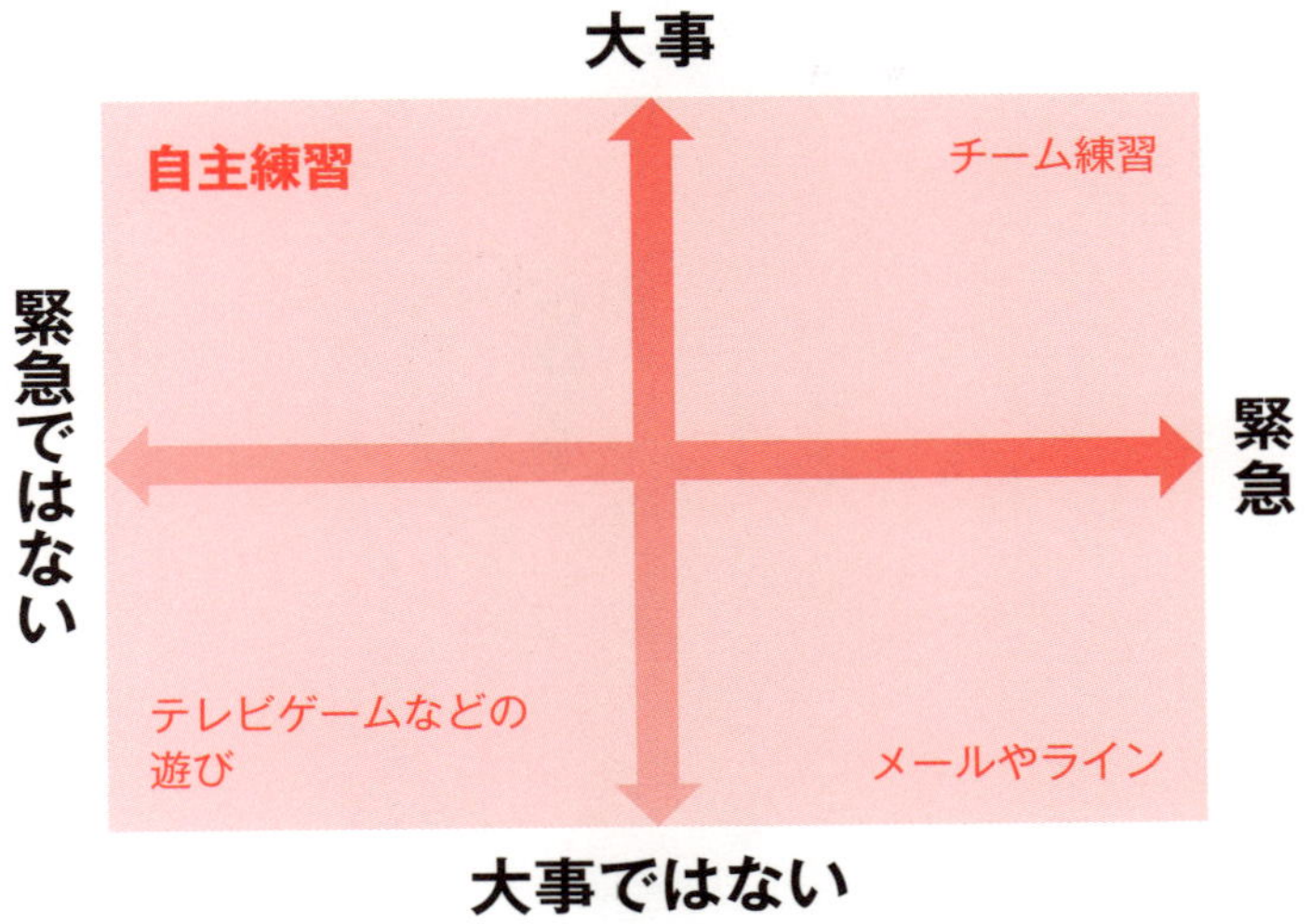

ここで「大事なことを優先する」という価値観を持つことが重要になるのです。

時間は有限です。大事ではないことに多くの時間を割いていては、思うような成長は望めません。特に、選手たちは「大事ではないが緊急なこと」に時間を奪われやすいのです。

偉大な競技者への道は非常に険しく、厳しい道です。多くの人が楽なほうへ流されてしまう中で、目的意識を持って道を見失わず、大事なことに時間を割き続けることができる選手だけが道を登り続けられるのです。

CHAPTER 9

相乗効果

チームワークの本質

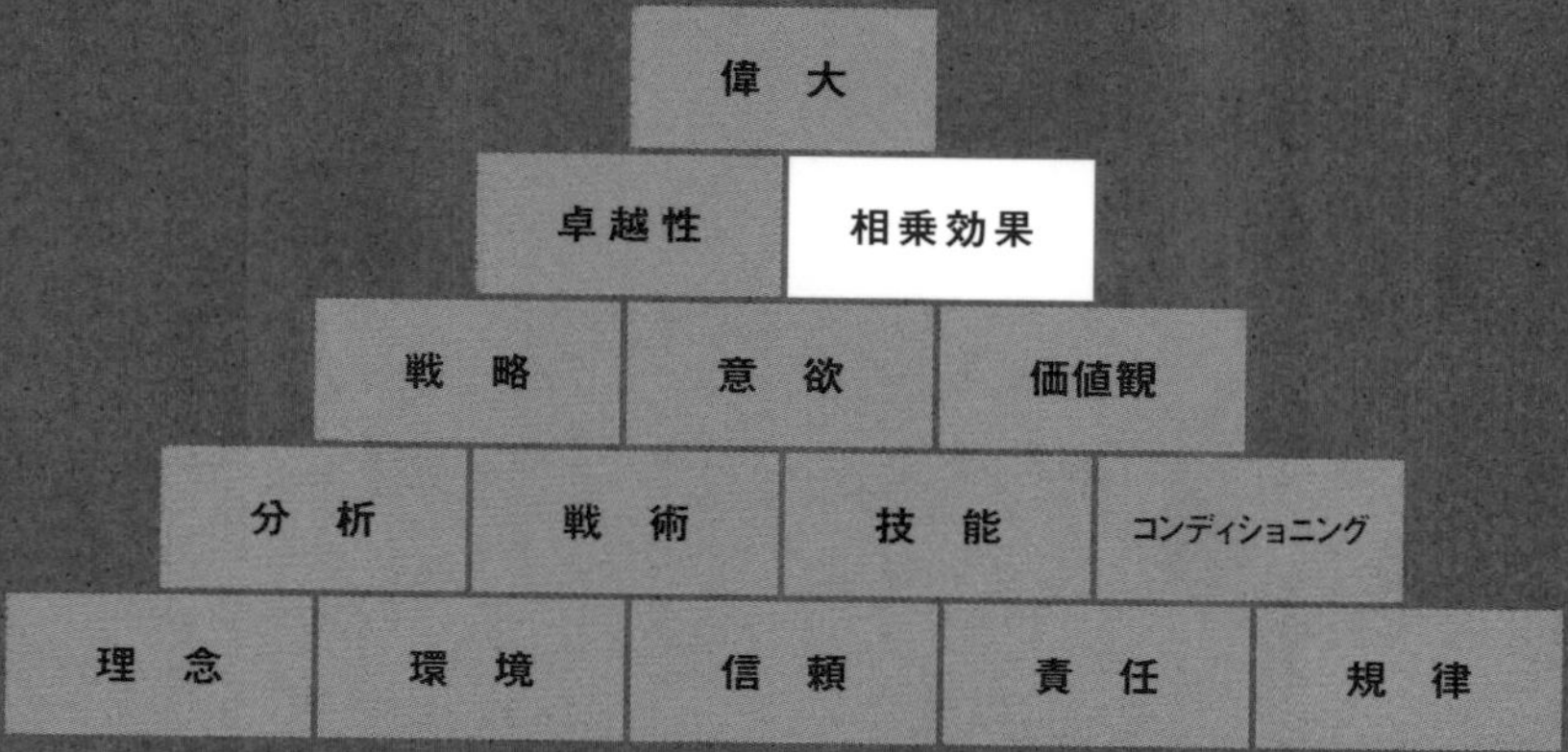

1

「相乗効果的」なチームになるために

偉大なチームは、メンバー同士お互いが「相乗効果的」な関係になります。「マスターマインド」といって、同じ願望や目標を持った人間が集まり、波長の合った思考のバイブレーションが起こることで、一人ひとりができることを総和した以上のことを成し遂げることができるのです。

相乗効果的なチームになるためにまず大事なことは、一人ひとりが相乗効果の土台となる価値観を持つことです。それが8章で紹介してきたことです。私的に成熟した選手同士が影響しあうことで公的な成功がもたらされるのです。

私的に成熟していくためにも成長の原則があったように、相乗効果的な関係を作るうえでも原則があります。その一つが「勝ち負け思想」に陥らないということです。

スポーツには勝ち負けがつきます。自分が勝つということは相手が負けるということですから、スポーツに取り組む人々は知らず知らずのうちに勝ち負け思想になりがちです。

勝ち負け思想の人は、自分が得するためには相手が損してもいい、自分が成功するためには相手は失敗してもいいという考え方になりがちです。この思考でチームメイトと影響しあったら、素晴らしいチームワークを作り上げることはできません。

相乗効果的なチームワークを作り出すための第一歩は、相手が良くなること、成長すること、成功すること、応援できる関係を築くことです。勝ち負け思想が強いと、このことを達成するためには自分が「負け」を選ぶことだと考えがちです。「僕のことなんてどうだっていいから君に譲るよ」といったような、へりくだって一見人が良さそうに見える対応も、相乗効果的なチームワークを作り出すことにはつながりません。

相乗効果的なチームワークを作り出すためには、自分も喜ぶし相手も喜ぶことを常に考える習慣が重要です。相手も成長するし自分も成長すること、成功をみなで共有するために、自分も成功する、みんなも成功する、そのための方法をみんなで考え続ける、そういったチームワークを築き上げる必要があるのです。

CHAPTER 9

2

勇気と思いやりのバランス

スポーツ選手にとって勝ち負け思想に陥らないで、お互いが相乗効果的なチームワークを作り出すというのは簡単なことではありません。

試合で活躍するような選手は特に、強い「勇気」を持っているものです。俺が決めてやる、俺に任せろ、という頼もしいメンタリティの選手が試合で活躍します。そして、その勇気の強さが勝ち負け思想を強化することになるからです。

自分の成功だけでなく、相手の成功も考えるには「思いやり」が必要です。勝ち負け思想ではなく、相乗効果的なチームワークを築き上げるために必要なのは、「勇気」と「思いやり」のバランスなのです。

勇気はないが、思いやりに満ちているというのも相乗効果的なチームワークを作るうえでは問題です。人間関係のうえでは摩擦も起こらず、相手のことを考えた行動や言動を選ぶので非常に「良い人」ではありますが、高いパフォーマンスを発揮する組織を目指すうえでは、自分がへりくだった人の良さでは不十分なのです。自分も成果を挙げ、チームメイトも成果を挙げるように影響しあっていかなければなりません。単に摩擦がない関係と、相乗効果的な関係はまったくの別物なのです。

勇気と思いやりのバランスを高い次元で成熟させることが、相乗効果的なチームワークの一員になるために必要です。

重要なことは、高い次元でということです。勇気があって、思いやりに欠ける人は、思いやりの心をもっと強くすることです。勇気の量を減らしてバランスをとるのでは、相乗効果的な影響のしあいも小さな力学になってしまいます。

チームメイトに文句を言ったり、試合でも強気に自分ばかりが攻めてしまうような選手がいたら、ついついそういった選手の行動を責めてしまいがちです。そうではなく、その勇気とバランスがとれるくらいのレベルでチームメイトのことを考えられる、相手を思いやれる気持ちを持たせることが重要なのです。これは、逆もしかりです。多くの場合、日本の子どもたちは思いやりはあっても、勇気が足りない傾向にあります。そのような文化の中で育ってきているからです。そんな子どもたちに、勇気を持つことを教えなければなりません。

3 競争と比較の弊害

人間は意識しているか、意識していないかに関わらず「競争」や「比較」をしてしまう動物です。しかし相乗効果的なチームワークを作り上げるうえで「競争」や「比較」は弊害となります。自分とチームがともに成長していくのだという意識の邪魔をし、勝ち負け思想を助長するのです。

「競争」は強いチームに必要なことじゃないかと思われる方も多いかもしれません。あいつに負けたくないという、ライバルとの競い合いでお互いが高まるということは確かに良くあることです。こういった関係を切磋琢磨と言いますが、切磋琢磨と単なる競争は本質が違います。自分を磨くことで相手も磨かれるというのが切磋琢磨であり、結果的に自分が相手よりも上にいれば良いというだけの競争意識は切磋琢磨ではありません。チームを強くし、相乗効果的な関係につながるのは切磋琢磨の関係であり、単なる競争の関係ではありません。相手が磨かれることを喜ぶ思いやりと、自分を磨くという勇気がなければ切磋琢磨の関係になれないのです。自分だけが成功すれば良いというマインドの競争意識では相乗効果的なチームワークにはなりません。

比較も相乗効果にとって弊害となるものです。「Aに比べてBは全然だめだ」というような声をかけられると、自然とチーム内で「他者と比べて自分が良くなるように」という力学が働きます。こうなったら、他者の成功は相対的に自分の失敗という関係になりますから、相乗効果的なチームワークからどんどん遠ざかります。だれかと比較してそれを上回ろうとしているうちは、自分の成長のレベルが相手によって決まってしまいます。比較している相手を自分が超えたと思った瞬間に、努力も成長も止まってしまうのです。

だれかと「比較」して自分が良くなるのではなく、常に自分がなりうる最高の自分を目指すこと、そういう人同士がお互いにポジティブに影響を受けあうことで、相乗効果的なチームワークが作り上げられるのです。

競争や比較を使ってもいい場面が一つだけあります。それは、「自分」に向けて使う場面です。

昨日の自分と競争する、昨日の自分と比較して今日がより良い自分になるように努力する、それが私的成功を生みだします。そして、それを他者には向けないという成熟した人間性が相乗効果的なチームワークを作る土台になるのです。

4

リーダーシップはキャプテンだけが発揮するのか

リーダーシップを発揮できる選手とは、チームをポジティブなコンディションに引き上げていける選手のことではないでしょうか。ということはリーダーシップを発揮するのはキャプテン1人だけと決まっているわけではないのです。一般的にはキャプテンのリーダーシップに引っ張られるのが自然な形と考えがちですが、号令をかけて指示を出す人だけがリーダーシップを発揮するとは決まっていないのです。

リーダーシップが強いキャプテンがチームを引っ張ると、他の選手はリーダーに任せて頼るというマインドになりがちです。プレーと精神面でチームの支柱になり、自然に権限はキャプテンに集約されていきます。チームに強いリーダーが1人いて、それ以外はリーダーの命令に従って動けば良いという雰囲気になります。これは一見良いチームのように見えますがベストとは言えません。

相乗効果的なチームワークが作り上げられれば、全員がリーダーシップを発揮するようになります。チームを鼓舞するという役割にキャプテンも、それ以外も関係ありません。

もっとこうやったほうが良いと提案するのも、キャプテンでなくてもいいはずです。リーダーシップを持った選手がたくさんいたほうが強い組織になります。全員がリーダーになれる組織がもっとも強くなれるのです。

その証拠に高校で優勝するようなチームの部員は進学先のそれぞれの大学でキャプテンを任されていたりします。キャプテンの声がけにチームメイトが従順についていくチームよりも、全員がリーダーシップを発揮しているチームのほうが相乗効果的なチームワークに近づいていけるのです。

CHAPTER 9

5 理解してから理解される

リーダーシップを発揮するというときに、まず自分の考えを相手に伝えるという過程を経ます。このとき相手に伝わるかどうかは、考えが正しいかどうかは関係ありません。正しいことを正確に言うだけで相手に伝わるとは限りません。リーダーシップの本質は、「言う」ことではなく「伝わる」ことです。正しいことを正しく言っているだけではリーダーシップにはなりません。伝わって初めてチームに影響することができるのです。

キャプテンがチームメイトに「もっと頑張ろうぜ！」「しっかりやれよ！」といった声をかけます。そこで自分の考えが伝わらないと「あいつはやる気がない」とか「俺はこんなにチームのことを考えているのに」という不満を感じ始めます。

チームメイトに厳しい言葉をぶつける権限を持っているのがリーダーなのではなくて、チームの成長に責任を負うのがリーダーです。自分の考えが伝わってチーム内の雰囲気や行動が変わって初めて自分の責任を果たしたことになります。

相手が聞く準備ができていないのはまだ信頼関係が築けていないからかもしれません。それなら聞いてくれるような関係を作ることが先決です。自分の考えがどれだけ正しいかを主張する前に、相手の立場に立たなければなりません。リーダーシップの本質は、「理解」です。相手に伝わるように話すためには、相手を理解している必要があります。相手を理解していれば、相手に伝わるようにするためのベストな方法がわかります。また、理解しようとしていることで相手はこちらを信頼できるようになります。信頼している相手からの言葉だからこそ相手は受け止めようとしてくれます。

もし、こちらが相手を理解しようとせず、自分の主張ばかりをぶつけていたら、相手は心を閉ざし、影響を受け取ろうとはしません。その結果、リーダーシップは相手に届かなくなってしまうのです。相手を理解することから、リーダーシップは始まります。自分が言いたいことを言うだけではなく、チームメイトを理解し、信頼関係を築き、そのうえでチームが向上するために必要なことをしっかりと伝える、それがリーダーシップです。

そして、そのリーダーシップをキャプテンだけではなくチーム全員が発揮することで相乗効果的なチームワークが生まれるのです。

6

「言いたいだけ」と「伝えたい」の違い

「何度同じことを言っても選手がわかってくれない」とか「指示した通りに選手が動いてくれない」と思っているコーチは多いと思います。そういうコーチは選手に理解する能力がない、聞く耳を持っていないと思っているかもしれません。しかし選手がわかるように言う、伝わるように言うこともコーチの責任です。自分が言いたいことを言っているだけでは、お客さんが食べたいものを出さずに自分が作りたいものを作っている料理人のようなものです。

選手ができないのなら、できるように導くのがコーチです。この大前提を忘れて「なぜできない！」と言うだけになってしまったらコーチとしての成長が終わります。できないのなら工夫をするのがコーチの役割です。選手を駒のように考えたり、「言う通りに動けばいい」と考えているのでは、選手はいつまでもコーチを理解するようにはならないでしょう。

伝えることが第一の目的だとわかっているコーチは、ただ言うだけでは意味がないことを知っています。選手に伝わって、さらに選手の行動が変わって初めて目標が達成できたと考えているのです。

チームとして成長するためにはお互いの考えをぶつけ合い、より良い方向へ向かうことが重要です。ただしこのときお互いが自分の正しいと思っていることをぶつけるだけでは相手には伝わりません。まず相手の話を聞いて理解します。そうすると自分の考えと違う部分がわかり、それが興味になるはずです。このとき相手には自分の話をよく聞いて理解しようとしているという姿勢が伝わります。自分の話を聞いてくれたのだから、今度は自分も一生懸命に聞いてみようと思うはずです。そのような関係を築くためには、まずお互いの「相手を理解しよう」という姿勢が大切なのです。

7 話を聞く能力

だれかに何かを伝えたいと思っている人がいるとき、それを引き出すのは聞く人の能力でありスキルです。これを段階に分けると以下のようになります。

①無視…話しても無視をするような人とは二度と話をしたいと思わないでしょう
②聞いたふり…聞いているようなそぶりを見せているだけなのは相手にわかります
③部分的な傾聴…自分にとって都合の良い部分だけ聞いています
④積極的傾聴…よく話を聞いて、理解しようとしています
⑤感情移入して聞く…相手の言うことを理解して相手の気持ちになっているため、相手ももっと話したくなります

①から⑤に進むほど、話を聞くレベルが上がります。話を聞くレベルが上がれば、相手はもっと話をしたいと思うようになります。その結果、聞き手は相手を理解することが可能になるのです。

相手を理解することが、自分を理解してもらうための鍵です。すなわち、相手の話を聞

くレベルが、相乗効果的な関係のベースを決めるのです。

話を聞く能力は磨くことができます。スキルのように練習によって身につけることが可能です。

まずは相手の言っていることを繰り返すだけでも構いません。人は、自分が話したことを相手がおうむ返ししてくれるだけで聞いてもらえているという感触になります。そのおうむ返しがだんだん感情移入したものになると、自分の言葉での切り返しになり、感情を反映したものになっていきます。そうなると、話し手はもっともっとこの人に自分の話を聞いてもらいたいと思うのです。

そうやって話を聞く能力を磨いていくことで、本質的なリーダーシップが身につくのです。

CHAPTER 9

8 相乗効果を発揮するチームへ

チームスポーツにおける勝利は技術や戦術だけで決まるものではありません。チームは組織です。組織の強さが求められており、技術や戦術はその一部です。チームが相乗効果的に影響しあうことで、技術や戦術のレベルはさらに引き上げられるのです。

選手1人＋選手1人が2人の力ではなく、3人分、4人分になるようなイメージです。なぜならチームに1人だけしか影響力のある人がいなければ影響力は1です。しかし複数の選手が影響力を持てば周囲を巻き込むパワーが違ってきます。2人いれば4になり、さらに次には8となるのです。

影響しあえない5人なら「5」の力を発揮するだけです。ところが影響力のある5人が揃えば、互いに刺激し、影響しあって「10」や「20」になるかもしれません。そういうチームのほうが強いのは言うまでもありません。

渡り鳥はV字型に隊列を組んで飛びます。後ろにいる鳥は先頭の鳥が起こした気流を利用しながら飛ぶから楽だと言われています。先頭に立つリーダーを交代しながら飛ぶことで、一羽で飛んでいくよりもはるかに楽に数百キロの距離を飛ぶことができるのです。また樹木は1本だけで立っているよりも、森のように集まっていたほうが豊かに育ちます。お互いの根で土を耕しあって、養分を作り、分け合いながら成長できるからです。リーダーが1人しかいないチームよりも全員がリーダーになれるチームのほうが力を発揮します。「わたしたちが」という選手が多いほど、相乗効果を発揮できます。相乗効果があるはずだと信じてチーム作りをしていくのと、何も考えずに戦術と技術を仕込むだけで良いと思って指導するのとでは、完成するチームが違ってくるはずです。

チームワークは、宝くじではありません。運良く作り上げられるようなものではなく、一人ひとりの行動の積み重ねの先に作り上げられるものです。

そこには魔法の鍵はありません。これさえやれば良いチームワークになるという処方箋もありません。

組織というものの原理原則に則り、一人ひとりが相乗効果的なチームワークの一員に必要な価値観を成熟させていくことによって形作られていくのです。

奇跡の産物としてではなく、目指すべき努力の方向性として、チームワークというものを捉えていくことで、日々の練習での声がけも、具体的な行動も変えていくことができるのです。

おわりに

刃を研ぐ

「人間性」や「身体能力」や「知性」には、これですべてが磨き終わったという完成形がありません。完成したと思った次の瞬間には劣化が始まっています。一度これで満足だと感じたとしても、そこからさらに磨き続けなければ、現在のレベルを維持することはできないでしょう。それは刃のようなものです。どんなに切れ味鋭い刀でも、使ってから手入れもしない、研ぐこともしないなら、すぐに錆びついてしまうでしょう。常に「刃を研ぐ」という価値観を持つことはとても大切なのです。

長年にわたって努力していれば、一度くらいは満足のいく良いチームが作れるかもしれません。良い選手が揃ったり、タイミングや幸運にも恵まれたりして、目標とする大会などで結果を残せるでしょう。それはチームメイトみんなが協力しあい、切磋琢磨することができる理想的なチームです。しかしそれで良し、と思ったらあとは刀のように錆びつくだけです。何もしなければすぐに劣化していきます。その状態を維持したかったら磨き続けるしかありません。もっと良くしたければ、これまで以上の努力が必要です。

チームを預かるコーチはもちろん、最高の自分を目指す選手も現状に満足してはいけません。自分がやった成果についてフィードバックして、もう一度考え直すという作業を続けましょう。結果に満足してしまったら、それがおごりになってしまうでしょう。刃が錆びつかないように新しい刺激を与えましょう。さらに相乗効果の発揮できるチームを目指して日々試行錯誤していきましょう。そういう姿勢を身につけられた選手が、バスケットボールを生かして長い人生を前向きに生きられるのだと思うのです。

参考文献

『元祖プロ・コーチが教える　育てる技術』
ジョン・ウッデン、スティーブ・ジェイミソン共著
弓場隆訳　ディスカヴァー・トゥエンティワン

『完訳　7つの習慣　人格主義の回復』
スティーブン・R・コヴィー著
フランクリン・コヴィー・ジャパン訳　キングベアー出版

『夢をつかむ　イチロー262のメッセージ』
『夢をつかむイチロー262のメッセージ』編集委員会著
ぴあ

『ビジョナリーカンパニー　時代を超える生存の原則』
ジム・コリンズ、ジェリー・ポラス共著
山岡洋一訳　日経BPマーケティング

『ビジョナリーカンパニー2　飛躍の法則』
ジェームズ・C・コリンズ著
山岡洋一訳　日経BP社

鈴木良和

1979年生まれ、茨城県出身。千葉大学大学院在学中の2002年に「バスケットボールの家庭教師」の活動を開始。株式会社ERUTLUCを立ち上げ、小・中学生を中心に、高校生から幼稚園児までバスケットボールの普及・強化に努める。「なりうる最高の自分を目指そう」を理念とするジュニア期コーチングの専門家。日本バスケットボール協会公認C級コーチ。

バスケットボールの教科書《きょうかしょ》 3

チームマネジメント基礎《きそ》

2017年 1 月30日　第1版第1刷発行
2018年12月10日　第1版第2刷発行

著　　者　鈴木良和《すずきよしかず》
発 行 人　池田哲雄
発 行 所　株式会社ベースボール・マガジン社
〒103-8482　東京都中央区日本橋浜町2-61-9 TIE浜町ビル
[販売部]　03-5643-3930
[出版部]　03-5643-3885
振替口座　00180-6-46620
http://www.bbm-japan.com/

印刷・製本　広研印刷株式会社

ISBN978-4-583-11060-8 C2075